Manfred A. Sahm

Till Ulenspegel op Platt

Spijööken un Aventüern

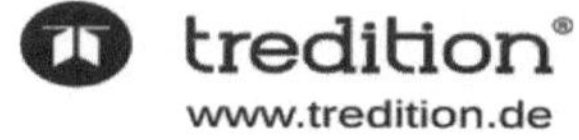

tredition®
www.tredition.de

De Historien vun Till Ulenspegel

16. Till holp in Peine en kranket Göör to'n Schieten

17. Till maak in Nürnbarg an een Dag all de Kranken
    gesund

18. Till köff in Halberstadt Broot

19. Till backte in Brunswiek Ulen un Aapkatten

20. Till sevte in Uelzen Mehl in de Hoff

21. Till reed jümmers en grau-gelet Peerd

22. Till verdüng sik in Bernborg as Toornbläser

23. Till leed sien Peerd in Däänmark mit gollene Hoofiesen
    beslaan

24. Till wunn en Wettstrtiet mit de Hoffnarr vun de
    poolsche König

25. Till stunn in dat Aas vun sien Peerd

26. Till seet bi Celle in en Koor vull Eer

27. Till malte in Marburg de Landgraaf vun Hessen

28. Till diskereerte mit Studenten op de Universität in
    Prag

29. Till lehrte in Erfort en Esel dat Lesen

30. Till wusch in Sangerhusen de Fruunslüüd de Pelzen

31. Till toog mit en Dodenkopp rüm

32. Till weckte de Sadtwachters vun Nürnbarg op

52. Till verdüng sik in Aschersleven bi en Kürschner

53. Till sleep bi de Kürschner in dröge un natte Pelzen

54. Till maak bi en Kürschner in Berlin Wülf staats
Wulfpelzen

55. Till verköff in Leipzig ene Katt as lebennige Haas

56. Till seed bi en Garver in Brunswiek dat Ledder

57. Till bedroog in Lübeck de Wientapper

58. Till schull in Lübeck hängt warrn

59. Till leet sik in Helmstedt ene grote Tasch maken

60. Till bedroog in Erfort en Slachter üm en Braden

61. Till bedroog de Slachter noch maal

62. Till geev sik in Dresden as Dischergesell ut

63. Till geev sik as Brillenmaker ut

64. Till verdüng sik in Hilmessen as Kock

65. En Peerhannelsmann toog in Wismar Tills Peerd de
Steert rut

66. Till spelte in Lünborg de Piepenmaker en Striek

67. Till warrt in Gerdau vun ene ole Buersfru verspottet

68. Till bedroog in Uelzen en Buern üm en grönen Stoff

69. Till scheet in ene Baadstuuv in Hannober

70. Till köff in Bremen Melk vun de Landfruuns

71. Till geev in Hannober twölf Blinde twölf Gulden

72. Till bedröppelte in Bremen en Braden

73. Till seite in ene Stadt Stenen as Schälke ut

74. Till verdüng sik in Hamborg bi en Hoorsnieder

75. Till worr vun ene Fru mit Snappsnuut inlaadt

76. Till eet en Melkbrie alleen op

77. Till blies de Stank dörch de Wand in ene Sellschop

78. Till verschrook en Weert in Isleven mit en dode Wulf

79. Till scheet en Kröger in Köln op de Disch

80. Till betahlte een Weert mit de Klang vun't Geld

81. Till reiste vun Rostock foort

82. Till toog en Hund dat Fell af

83. Till vertellte, dat Ulenspegel op en Rad liggt

84. Till sett ene Krögersche in de hitte Asch

85. Till scheet ene Krögersche in't Bett

86. En Keerl ut de Nedderlanden eet in Antwerpen Tills
    Röstappel op

87. Till bröcht in Bremen ene Marktfru forto, ehr
    Töpperworen twei to slaan

88. Till scheet in Einbeck op de Plummen

89. Till tellte in't Klooster Mariental de Mönken in de Mess

Wöörbook

Till Ulenspegel

Dat is de Geschicht vun de weltbekannte narrsche Schelm un siene Spijööken un Aventüern, de ok hüüt noch na so veele Johrhunnerte vertellt warrt un de Tohörers or Lesers to'n Grienen, Lachen, aver ok männichmol to'n Nadenkern bringt.

Till Ulenspegel is nich bloots ene Person för Kinnerböker, he hett sünnerlich ok de Wetenschop siet Johrhunnerte wat to doon geven. Un över de Radels un Frogen, de vun Till utgaht, ward jümmers noch diskerert.

Dat fangt dormit an, of he woll wohrhaftig levt hett, geiht denn wieder, of he bi de 96 Vertellen, de in dat Book un 1515 shreven sünd, redig dorbi west is, un toletzt, wer denn woll de Schrieversmann weer.

De mehrste Lüüd sünd hüüt de Menen, dat he levt hett, un köönt dat ok op de ene or annere Oort bewiesen. Ik maak mi nu en Spaaß un segg, ik kann dat ok bewiesen: He mutt jo levt harrn, sünst harrn se em jo nich na sien Dood in Mölln in't Lauenborgsche begraven kunnen! (Hic fuit).

De 96 Aventüern hett he woll nich all sülvst belevt. Dat is nu bekannt, dat dor en poor dorbi sünd, över de al annere Quellen un Schrieverslüüd berichtet harrn un de sik ok al vör Tills Geboort todregen harrn. De hett de Autor anners- wo tohoopsammelt un mit in sien Book övernahmen, as he dat ok in sien Vörwoort togifft. Dat weer do so gang un geev.

Jo, welkeen werr denn nu de Schrieversmann? Ofschoonst dat bet hüüt nich hunnertperzentig kloor maakt is, warrt de

Töllner Hermann Bote (üm 1450 bet 1525) ut Brunswiek in Neddersassen nömt. Dorför hebbt vele Studerte ut all mööglische Wetenschopen Bewiese tosamendragen - un en anneren Keerl mit betere Bewiese gifft dat nich.

Hermann Bote hett ok noch veel mehr Tüüch schreven; he weer een vun de bedüdenste nedderdüütsche Dichters in jenne Tiet. He harr siene olen Böker woll toeerst handschriftlich in de »neddersässische Spraak« schreven - un dormit is dat ole Nedderdüütsche, dat Plattdüütsche ment west - bevöör Johannes Gensfleisch, beter bekannt as Johannes Gutenberg ut Mainz, in dat 15. Johrhunnert de Druck mit bewäägliche Lettern erfunnen harr.

Disse Menen weer ok al de Universitäts-Perfesser Karl Friedrich Flögel ut Liegnitz 1789 in sien Book vun de Hoffnarren (S. 463 ff.). He schrifft, dat dat Book över Ulenspegel toeerst in de plattdüütsche Spraak schreven , denn aver vun de Franziskaner-Mönk Thomas Murner in dat Hoochdüütsche översett worrn weer. Man dat eerste Book vun Bote op Platt - schreven or druckt - över Till Ulenspegel gifft dat hüüt leider nich mehr.

Disse 96 Vertellen un Dööntjes, de Hermann Bote nedderschreven harr, weren in't Middelöller »Historien« nömt.

Hier is nu en Book op Platt in ene moderne, leesbore Utgaav mit de Biller (Holtsneed) vun de ole Utgaav för uns nedderdüütsche Gemeenschop. Ik heff mi bi't Översetten an dat druckte Original vun 1515 holen un wünsch veel Vergnögen bi...

» Ein kurtzweilig lesen von Dyl Ulenspiegel

gebore uß dem Land zu Brunßwick.

Wie er sein Leben volbracht hatt.

XCVI seiner Geschichten. «

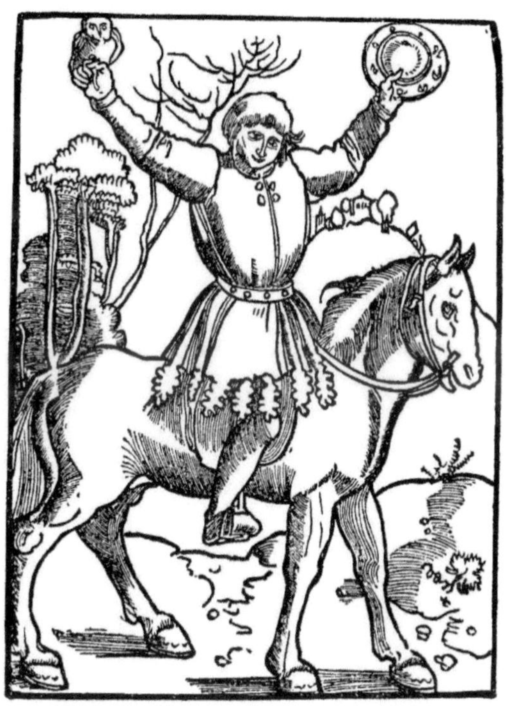

Vörwoort vun Hermann Bote[1]

In't Johr 1500 na Christi Geboort bün ik, »N«[2], vun en Reeg Lüüd beden worrn, dat ik de Historien un Geschichten jem toleev tosamenbringen un beschrieven schall, wat för ole Tieden en listige un griesige Buernsöhn in düütsche un welsche Länner daan un dreven harr. Sien Naam weer Till Ulenspegel un he weer boren int Hartogtum Brunswiek.

För disse Möh un Arbeit wullen se mi ehr Gunst hooch erwiesen.

»Dat un mehr will ik woll doon,« anterte ik. Denn ik wüss, dat ik dat mit Verstand toweeg bringen kunn. Ik harr de fründliche Beed an se, mi dat natosehn, wat ik över Ulenspegel un dat, wat he in vele Städer drieven harr, schrieven wörr un dat dat de Oorsaak för ehrn Verdreet sien kunn. Man miene Antwoort wullen se nich as »Tschulligung« ansehn. So harr ik na en beten Överleggen ehr Wunsch annahmen un mi verpflicht, mit Gottes Help (ahn de nix schehn kann) un mit Fliet antofangen. Un ik will mi ok bi jedereen entschülligen, dat dörch mien Schrieven nüms Verdreet or een 'ne Schereree kriggt: dat wies ik wiet vun mi.

Nu, alleen üm en vergnöögtet Gemööt to maken in disse swore Tieden, möögt de Lesers un Tohörers dorut kortwielige Högen un Geschichten vertellen. Do is in mien slechtet Schrieven ok kene Kunst or allens süver, wiel ik de latiensche Schrift nich lehrt harr. Miene Schrieveree is allerbest to lesen (op dat de Gottsdeenst nich vermasselt warrt), dat sik de Müüs ünner de Bänk bieten, dat de Stunnen kort warrn un de braden Beeren woll smecken mit de niege Wien.

Un ik beed jedereen, de miene Schrieveree för to lang or to
kort höllt, dat he dat beter maakt un ik keen Undank verdene.
Ik maak nu Sluss mit miene Vörreed un fang an mit de Ge-
boort vun Till Ulenspegel un heff noch en poor Geschichten
vun de Paap Amis un de Paap vun de Kalenbarg hento fögt.

*¹) Dat is bet hüüt nich kloor, of dit Vörwoort vun   Hermann
Bote or vun de Översetter Thomas Murner schreven weer.
Ik meen, dat is vun Bote.*

²) » N« = dat N heet Unbekannt.

1. Historie

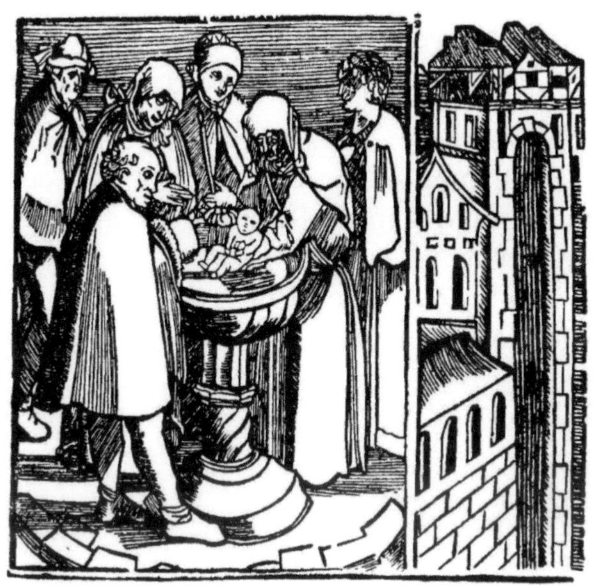

Bi en Woold mit Naam Elm worr Till Ulenspegel in dat Dörp Kneitlingen in't Sassenland boren. Sien Vadder heet Claas Ulenspegel, siene Moder Ann Wibcken. Na en korte Tiet as de Jung so wiet weer, güngen se na dat Dörp Ampleven, üm dat Kind döpen to laten. De Jung kreeg de Naam Till, wiel sien Dööppaat de Borgherr Till vun Uetzen weer. De Ridders in de Borg aver weren Rövers un so keem dat, dat de Naverschop ut Magdeborg un ut annere Städer in de Mitt vun dat 15. Johrhunnert de Borg in Gruus un Muus slogen.

As Till nu döfft worr un de Lüüd em wedder torüch na Kneitlingen dregen wullen, müssen se över en Beek. Wiel aver na de Dööp dat Kind - so as dat do begäng weer - in dat Beerhuus »versuupt« worr un de Sellschop sik ornlich wat dörch de Kehl jagt harr, full de Fru mit de Söögling vun de Steg in de Beek un se harrn sik beide bekleckert. Annere Fruunslüüd holpen jem rut un güngen torüch in't Dörp. Se wuschen dat Kind in en Ketel, bet et wedder püük un schöön weer.

So worr Till an enen Dag dreemol döfft - dat eerste Mol in de Kark, dat twete Mol in de Beek un dat drüdde Mol in en Ketel mit warmet Water.

2. Historie

All de Buernlüüd beklagten sik över de junge Ulenspegel un nömten em en Undöögt un Racker, un as he achter sien Vader op en Peerd seet, wies he boomstill de Lüüd sien Moors

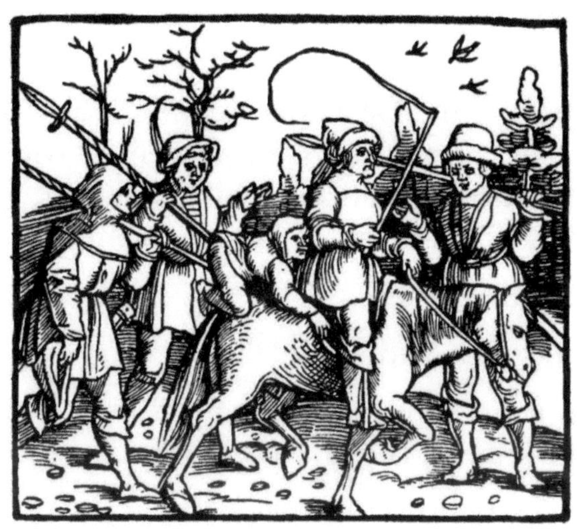

$\mathbf{A}$s Till Ulenspegel so oolt worr, dat he stahn un gahn kunn, spelte he veel mit annere junge Kinner, denn he weer lustig.

So as en Aap tummelte he sik on de Küssen un in't Gras, bet he dree Johren oolt weer. Denn fung he an, Spijööken to maken un harr nix as snooksche Grappen in sien Kopp. De Navers beswerten sik alltiet bi sien Vader un schimpten över de Rackerskeerl. Vun sien Vader worr he to Reed stellt:

»Wo geiht dat an, dat unse Navers jümmer seggt, du büst en Schalk?«

Till anterte:

»Leve Vader, ik do doch keeneen wat un dat will ik di woll bewiesen. Gah hen, sett di op dien Peerd, ik will achter di sitten un rohig un still mit di dörch de Straten rieden. Liekers warrt de Lüüd Lögen över mi vertellen un seggen wat se wüllen. Giff acht!«

Un so keem dat ok. De Vader nehm Till achter sik op dat Peerd. Man Till heev sien Achtersteven so wiet an, dat de Lüüd sien Moorslock sehn kunnen un sett sik wedder hen. Do wiesen de Tokiekers mit de Finger op em un repen:

»Scham di, du Slüngel!«

Do see Till to sien Vader:

»Hör Vader, du sühst woll, dat ik stillswieg un nüms wat do. Un liekers seen se, ik bün en Schalk!«

Do sett de Vader Till, sien leve Söhn, vör sik op dat Peerd. De seet mesenstill, aver he sparrte sien Muul op, griente de Buern an un steeg de Tung rut. Do lepen de Lüüd tosamen, nömten em en Flaps un sproken:

»Kiekt hen, en junge Schalk is dat!«.

De Vader see:

»Du muttst wohrhaftig in ene unglückliche Stunn boren sien. Du sittst ganz still un swiggst un deihst keeneen wat un liekers warrst du beschimpt.«

Also toog Claas Ulenspegel weg in dat Land Magdeburg an de Stroom Saale.

3. Historie

Claas Ulenspegel toog vun Kneitlingen weg an de Stroom Saale, vun wo Tills Moder her weer. Dor storv he un Till lehrte, op en Seel to gahn

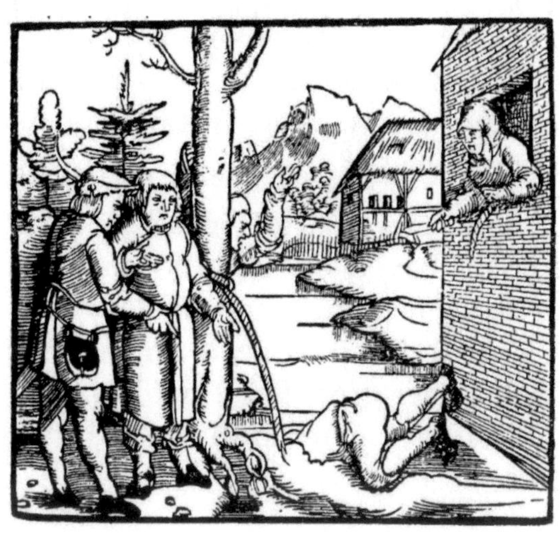

Claas Ulenspegel aver müch nu nich mehr in Kneitlingen wahnen un toog mit siene Familie an de Stroom Saale in't magdeborgsche Land, wo Tills Moder herkeem. En korte Tiet later storv he dor un de Moder bleev mit Till alleen. De Familie weer arm, aver Till wull keen Handwark lehren, ofwohl he al sössteihn Johren oolt weer. He tümmelte sik rüm un proberte sik as Göökler un Künstenmaker.

Ulenspegels Moder wahnte in en Huus an de Stroom un de Hoff leeg direktemang an't Water.

He fung an op en Seel to gahn. Dat dee he toeerst op de Böhn, denn sien Moder kunn disse Toorheit nich lieden un harr em Slääg andrauht. Eenmol harr se em dicht bi tofaat kregen, nehm en grote Knüppel un wull em vun dat Seel slaan, man Ulenspegel klatterte ut dat Finster op dat Dack, wo se nich henkamen kunn.

As Ulenspegel öller worr, fung he wedder an, sik op dat Seel to tümmeln. He toog en Seel vun sien Moders Huus över de Stroom to en Huus op de anner Siet. Vele junge un ole Lüüd worrn dat wies. Se kemen all tohoop, wullen em dorop lopen sehn un weren neeschierig, wat he woll för en abasiget Speel drieven wörr.

As he nu op dat Seel seet un Spaaß maak, dacht he, dat sien Moder em dor baven nix doon kunn. Aver se harr dat Speel sehn un sleek heemlich vun achtern in't Huus op de Böhn, wo dat Reep anbunnen weer, un sneed dat dörch. Do full ehr Söhn Till ünner grote Spott in't Water un kunn in de Saale baden. De Buern lachten dull un de Jungens repen em luut na:

»Hehe, nu muttst du dat woll utbaden! Du hest di jo al lang üm bat Bad bemöht!«

Dat aver harr Ulenspegel verdroot, nich dat Bad in de Stroom, aver dat Verhohnepiepeln vun de Kinner. Un he harr överleggt, jem dat torüchtobetahlen. Un he baad wieder, so lang he müch.

4. Historie

*Ulenspegel sabbelte de Jungens so an de tweehunnert Poor
Schöh af un dorüm kregen sik denn Oolt un Jung in de Hoor*

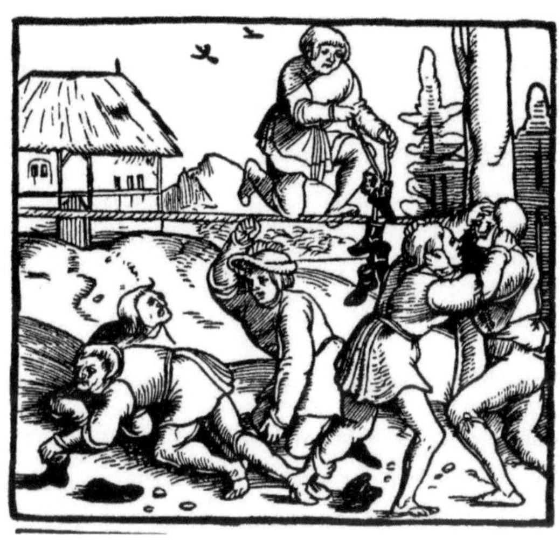

En korte Tiet later harr Ulenspegel wedder en Reep üver
de Stroom spannt, he wull de Blamaasch vun nülich af-
reken. Also verkünnigte he, dat he nochmal över dat Seel
gahn wull. Un wedder kemen de Lüüd tohoop, jung un oolt,
sik dat Schauspeel antokieken.

Ulenspegel sprook to de Jungens, jedereen schull em sien
linke Schoh geven, he wull se dormit en lustige Saak vorföh-
ren. De Jungens glövten dat un fungen an, ehr Schöh uttotre-
cken un geven se Ulenspegel. Dat weren so bi hunnerttwintig
Schöh - na dat Reken in't Middelöller weren dat twee Schock.

Ulenspegel toog de Schöh op ene Lien un klatterte mit se
op sien Seel . De Lüüd keken to em rop un dachten, he wörr

en lustiget Speel maken. Man en Deel vun de Jungens weer bedröövt, denn se harrn ehr Schöh geern torüch hatt.

Ulenspegel seet op dat Seel un maak siene Kunststücken. Mit eens reep he to de Tokiekers ünnen:

»Passt op! Jedereen söök sien Schoh!«

Un dormit sneed he de Lien dörch, so dat all Schöh dörchenanner op de Eer fullen. Nu störten sik de Jungens un ok de Olen op dat Kuddelmuddel un wullen ehr Schoh hebben. De een funn en hier, en anner dor. Een Jung reep:

»Ik heff mien Schoh!«

En annere anterte:

»Du lüggst, dat is mien Schoh!«

Se kregen sik in de Hoor un fungen an, sik to slaan. De een leeg ünnen, de anner baven; en Jung schree, en anner blarrte un de drüdde lachte! Toletzt maken ok de Olen mit, slogen un reten sik in't Hoor.

Ulenspegel aver seet op dat Seel un lachte:

»Hehe, söcht nu de Schöh! Dat is mien Torüchbetahlen för mien Bad in de Saale.«

He verswunn vun dat Seel un leet de Minschen sik kabbeln.

Man de tokamen veer Weken kunn he sik nich op de Straat sehn laten. He bleev oordig bi siene Moder, holp ehr, un se freute sik doröver un dacht, dat nu allens goot warrt. Vun de Striek mit de Schöh harr se doch nix wüsst.

5. Historie

Tills Moder wull, dat he en Handwark lehrt un se wull em dorbi hölpen.

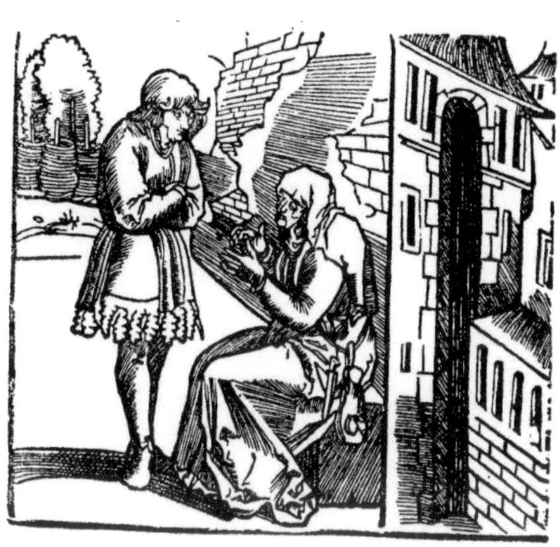

Ulenspegels Moder weer froh, dat he rohig un verdreeg-lich in't Huus weer, schull em aver egalweg, dat ehr Söhn keen Handwark lehren wull. Till see nix dorto, man siene Moder hörte nich op to schimpen. An Enn see Till to ehr:

»Leev Moder, woto sik en afgifft, dorvun hett he sien Leevdag noog.«

Un dormit harr he woll ment, dat sik alltiet bemöhen woll rieke Frücht drregen wart.

»Aver siet veer Weken hebbt wi keen Broot in't Huus !« an-terte siene Moder.

»Dat is kene Antwoort op miene Wöör,« see Till, »wenn en arme Minsch nix to eten hett, kann he an de Nikolausdag fasten, aver wenn he wat hett, fiert he un itt Avendbroot so as an Sankt Martin, egal welk Dag dat is. Also warrn wi ok eten!«

6. Historie

Ulenspegel bedroog in de Stadt Staßfurt en Bäcker üm en Sack vull Broot un broch dat na Huus to siene Moder

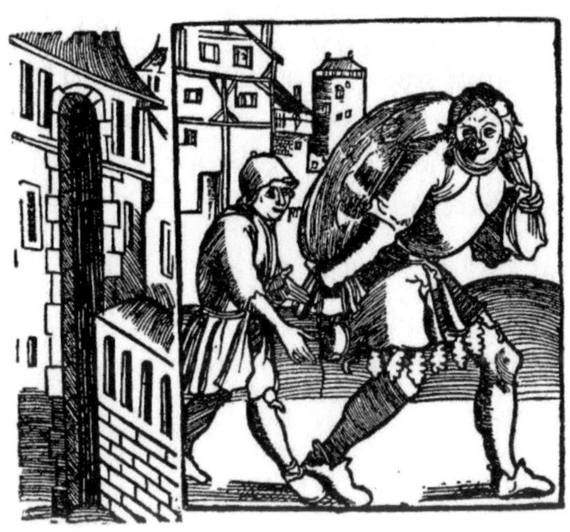

>> Leev Herrgott help«, dacht Till, »wo kann ik Broot herkriegen un miene Moder begööschen?«

Also güng he na de Stadt Staßfurt in de Neeg to en Bäckeree un fraag de Bäcker, of he woll sienen Herrn för teihn Schilling Roggen- un Fienbroot schicken wullt. Sien Herr wahnt in de Stadt in en Harbarg un de Bäcker schull man en Jung mitschicken, de dat Geld kriegen un torüch bringen kunnt. De Bäcker weer inverstohn. Ulenspegel aver harr en Sack mit en verbargenet Lock dorbi, in de dat Broot rindaan weer. Till un de Bäckersjung weren op de Weg to de Harbarg, as Till op eenmol en Fienbroot ut dat Lock im Sack in de Schiet op de Straat fallen leet.

»Oh je, dat besüddelte Broot dörv ik mienen Herrn nich bringen! Jung, nimm dat Broot, loop flott dormit torüch ha Huus un bring mi en frischet! Ik will hier op di töven!«

Ulenspegel aver güng wieder to de Vörstadt, wo he sienen Sack op en Peerdkoor leed un mit de Koor to Foot na Huus güng.

As de Bäckersjung mit dat frische Broot torüch weer, weer Ulenspegel verswunnen. De Bäckermeester leep to de Harbarg, man dor funn he nüms, de Broot bestellt harr. Nu worr he wies, dat he bedrogen weer.

Till geev dat Broot to siene Moder un see to ehr:

»Kiek her un itt, wiel du wat to'n Eten hest! Wenn du nix hest, kannst du an Nikolausdag fasten!«

7. Historie

Ulenspegel und annere Jungen müssen dat Weck- or Semmelbroot in Övermaaten eten un worrn ok noch slaan

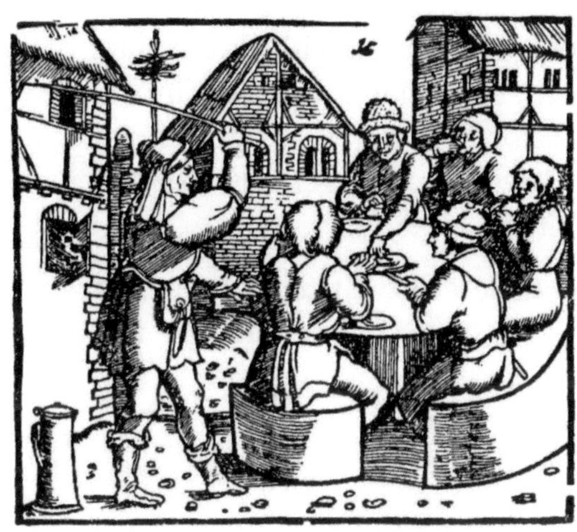

In dat Dörp, wo Till mit siene Moder levte, geev dat en Bruuk: Wenn en Huusweert en Swien slachtet harr, güngen all de Gören ut de Naverschop in sien Huus un eten dor Suppen or Brie, dat weer mit Wustbröh övergatenet Broot un worr Weckbroot nömt.

Nu levte dor en Hüürbuur, de weer so gnietschig - also en richtige Giezknuppen. Ok wenn he nix missen kunn, müss he doch de Kinner ehr Weckbroot geven. Dat weer Traditschoon! Also harr he sik hundsföttsch wat utdacht, üm de Kinner de Spaaß an ehr Mahltiet to verdarven.

He sneed harde Knüüst, Brootrinnen un -resten in ene grote Melkschöttel. As de Kinner kemen, Jungs, Deerns un ok

Till Ulenspegel leet he se in, sloot de Döör af un goot Wustbröh över dat Broot. Man dor weren so vele Brootklüten in de Supp, veel mehr, as de Kinner eten kunnen. Wenn aver en Göör satt weer un gahn wull, keem de Buur, sloog et mit ene Rood üm de Lennen un dwung em wiedertoeten. De Hüürbuur wüss vun Ulenspegels UndÖÖg un elkmol, wenn he en Kind verhaute, kreeg Till ok en Slag, meist noch mehr un beter. Dat duerte so lang, bet de Kinner all dat Weckbroot opeten harrn. Un dat harrn se so goot verdregen, as de Hunnen dat Gras. Ji weet doch: wenn Köters Gras freten, köönt se ganz dull schieten!

To de pennschieterige Buur aver is nie wedder en Kind hengahn, üm Weckbroot or Metzelsupp to eten!

8. Historie

Disse Geschicht hannelt dorvun, dat sik de Höhner vun de knickerige Buur üm Broothappen wrangeln

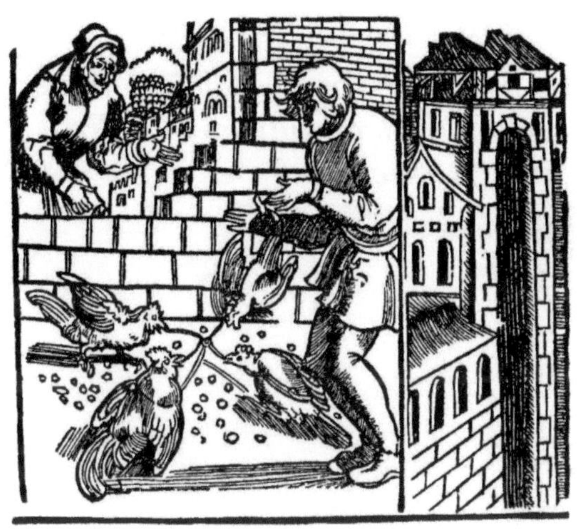

Een Dag later droop de Hüüebuur Till un fraag em, wannehr he wedder to'n Weckbroot kamen will. Till see:

»Ik kaam eerst, wenn sik diene Höhner üm de Happen strieden, jümmers veer üm enen Happen!«

De Buur harr verstahn:

»Also wullt du lang nich to mien Weckbroot kamen?!«

Ulenspegel tövte, bet de Höhner vun de Buur op de Straat na Foder söchen. Do nehm he veel mehr as twintig Fadens un knütt je twee un twee in de Merr tosamen un bunn an de enen Broothappen. De Höhner kunnen de Happen sehn, man nich de Fadens, de Till versteekt harr. Se piekten un sluckten dat Broot in ehr Häls, aver se kunnen dat nich rünnerslucken, wiel an dat annere Enn en anneret Hohn toog! Un wedder rut ut de Häls gung dat ok nich, wiel de Happen to groot weren.

So stunnen sik mehr as tweehunnert nHöhner gegenöver un wörgten un tarrten an ehre Happens.

(Över disse Geschicht warrt sik hüüt jümmers noch högt, wiel de bekannte Dichder Wilhelm Busch se in sien Wark „Max und Moritz" in de eerste Striek verarbeidt hett.)

9. Historie

Disse Geschicht vertellt, dat Till in enen Immenkorf krüppt, de vun twee Deven stohlen worr. De beiden kregen sik denn aver in de Hoor un leten de Korf fallen.

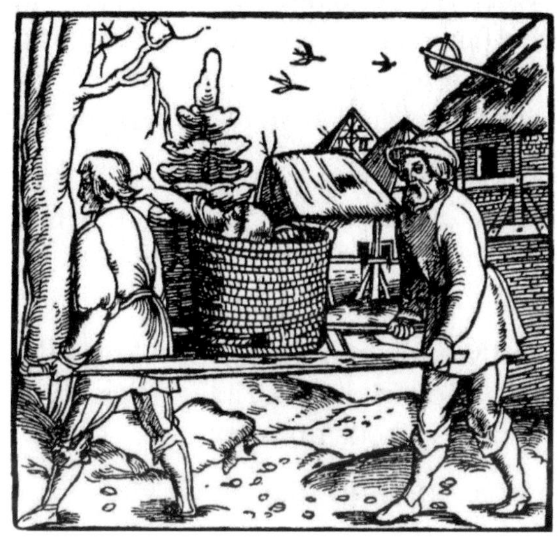

Eens weer Till Ulenspegel mit siene Moder in't Naverdörp to'n Johrmarkt gahn. Wiel Till do so veel drunken harr, dat he middaags al duun weer, söcht he sik en Oort, wo he seker slapen kunn. In en Hoff funn he en Barg vun Immenkörv, dorbi weren ok leere Körv. He krüppt in en Korv un sleep foorts in.

Siene Moder aver dacht, dat he al na Huus gahn weer, wiel se em nich mehr sehn kunnt.

Üm Middernacht worr he waak, as twee Deven kemen, üm en Immenkorf to klauen. De een see to sien Kumpaan:

»Ik heff hört, dat de sworste Korf de beste is.«

Un so prövten se all de Körv un stellten fast, dat de Korf in de sik Till verkropen harr, de sworste weer.

»Dat is de sworste, de nehmt wi!« un se laden em op ehre Schullern un güngen weg. Till aver worr waak un hörte ehren Plaan. Buten weer dat düüster, du kunnst de Hand nich vör de Ogen sehn. Ulenspegel greep ut de Korf un reet de Vörderste deftig in sien Hoor. De keem bannig in Raasch un schimpte op sien Kumpaan achter em, wiel he dacht, he weer dat. De aver wehrte sik:

»Drömst du or geihst du in Slaap?! Ik schull di in dien Hoor grepen harrn? Ik kann mit miene Hänn kuum de Korf holen!«

Till lachte still vör sik hen un tövte en korte Wiel. Do greep he de Keerl achtern ok in de Hoor, dat de sien Snuut wrengen müss! He worr bannig böös un reep:

»Ik gah un dreeg de Korf, dat mi de Hals weh deit, un du seggst, ik heff di in dien Hoor trocken! Un dorbi treckst u mi in mien Hoor, dat mi de Swoort kracht!!«

»Du lüggst, dat billst du di in! Woans kann ik di grepen, ik kann doch kuum de Weg vör mi sehn. Man ik weet, dat du mi in mien Hoor trocken hest!!«

Se güngen wieder un weren de hele Tiet an't Strieden. En Ogenblick later greep Ulensppegel de Vörderste nochmal bannig in de Hoor, dat sien Kopp an de Korf sleit. Nu weer't noog! De Keerl leet de Immenkorf fallen un sleit sien Kumpaan an de Kopp. De leet ok de Korf fallen, se kregen sik in de Hoor un kloppten sik. In de Biesternis verloren se sik aver ut de Ogen un keeneen wüss, wo de anner afbleven weer. De Korf leten se liggen.

Till keek vörsichtig ut de Korf rut, man dat weer jümmers noch zappendüüster. Also bleev he noch binnen, bet dat de hellichte Dag weer. He kreep ut de Korf rut, wüss aver nich, wo he weer. He folgte enen Weg, bet he an ene Borg keem, un dor verdüng he sik as en Hoffjung.

10. Historie

Till Ulenspiegel worr en Hoffjung un sien Baas see, dat he in dat Kruut „Hemp" schieten schull, wenn he dat findt. Man Till scheet in de „Semp" - he dacht, dat weer datsülve.

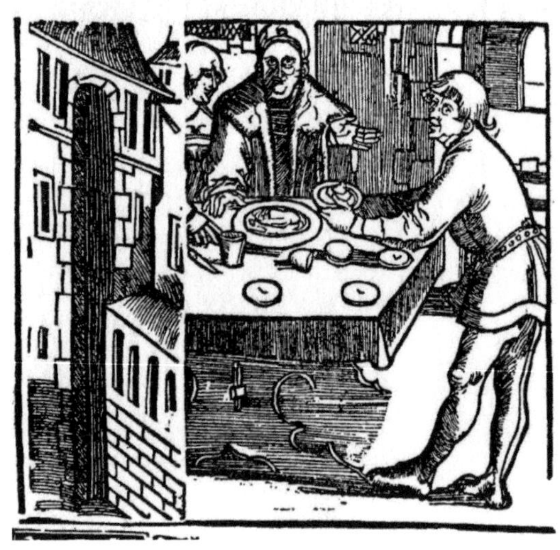

Op de Borg geev sik Till as en Hoffjung ut. Un glieks müss he mit sien Ridder över dat Land rieden, he dorv de Peek vun sien Baas dregen. An de Weg stunn ene Plant. De Ridder see to Till:

»Sühst du de Plant dor? Se heet Hemp. So oft du daaran vörbikummst, schiet en grote Dutt dor op. Mit de Bast vun dat Kruut ward de Rövers bunnen un opbammelt.«

Ulenspegel versprook, dat he dat woll doon schall. Un gemeen reden se hen un her in vele Städer, rövten un stohlen, as sik dat för Roofridders höörte.

An en Dag weren se to Huus. As dat Tiet to'n eten weer, see de Kock to Till, he schull ut de Keller en Pott mit Semp hooch halen. De harr aver in sien Leven noch nienich Semp sehn, harr Semp mit Hemp verwesselt un dacht, wat de Kock dormit wol doon will. Aver sien Baas harr seggt, he schull in dat Kruut rinschieten; also scheet he in de Pott un röhrte de Semp üm.

De Kock stellte de Semp op de Disch un de Ridder un siene Gäst stippten ehr Fleesch in de Pott un dat smeckte ganz övel! De Kock worr halt un de Ridder fraag em, wat he woll för en Semp maakt harr. As de Kock de Semp prövt, spee he dat foorts wedder ut un see:

»Dat smeckt, as of wen dorin scheten hett!«

As Ulenspegel anfung to lachen, see de Ridder to em:

»Wat lachst du so spietsch? Menst du, wi köönt nich smecken, wat dat is? Wenn du dat nich glöven wullt, kumm her un pröv dat sülvst!«

Aver Till wull dat nich un anterte:

»Se hebbt mi doch domaals an de Straat seggt, wenn ik Hemp seh, schall ik dorin schieten, wiel man dormit Rövers opbammelt or wörgt. As ik nu in de Keller weer, heff ik blots dat doon, wat Se mi opdragen harrn!«

»Du verdammte Schelm, dat warrt dien Malör sien! Wat ik die wiest harr, heet Hemp, un wat de Kock di halen leet, heet Semp. Dat hest du ut Leegheit daan!«

Un as de Ridder Till mit en grote Knüppel slaan wull, leep de rut ut de Borg un keem nienich wedder.

11. Historie

Ulenspegel verdüng sik bi en Paap un eet en Braathohn vun de Speet.

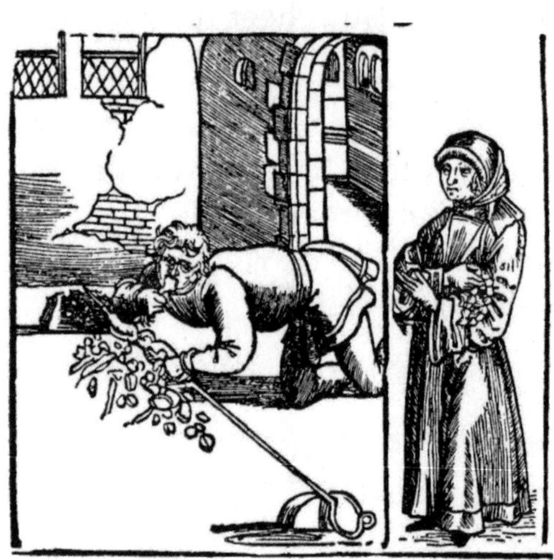

In dat Land Brunswiek liggt bi dat Klooster Magdeborg en Dörp mit Naam Büddenstedt , dor kummt Ulenspegel in't Huus vun en Preester. De Paap hett em nich kennt, stellt em aver as Knecht in.

»Du warrst gode Daag un en gode Deenst hebben, du schasst dat best to'n Eten un Drinken kriegen, jüst so, as de Huushöllersch. All dat, wat du to doon hest, is nich swoor, dat kannst du mit halve Arbeit doon.«

Till is inverstahn un wullt dat ok so doon.

As de Huushöllersch twee Höhner slachtet un op en Speet stekt, süht Till, dat de Fru man bloots een Oog hett. Se seggt to em, dat he de Speet dreihen un de Höhner braden schall.

As de Höhner fardig braden weren, dacht Till, so bi sik, dat de Paap seggt harr, he schullt ok so goot eten un drinken, as de Preester un siene Huushöllersch. Man mit twee Höhner geiht dat nich, do weren siene Wöör nienich wohr un ik wörr nix afkregen. Ik will so wies sien un en Hohn eten, dormit siene Wöör wohr sünd. He nimmt een Hohn vun de Speet un itt dat ahn Broot op.

As nu Essenstiet is, kummt de Kööksch un süht man een Hohn op de Speet.

»Wi harrn doh twee Höhner, wo is dat annere afbleven!?«

Ulenspegel seggt:

»Fru, maak dien anneret Oog ok op, denn sühst du beide Höhner!«

Wiel he so över de Ogen vun de Fru spottet , warrt se böös un vertellt de Paap, dat vun twee Höhner bloots noch een dor is un se wegen ehr Ogen spottet warrt. De Preester geiht in de Köök un fraagt Till:

»Wat spottest du över miene Huushöllersch? Ik seh, dat dor bloots een Hohn an de Speet stickt, wo is dat tweete?«

»Dor stekt dat doch! Maakt eure beide Ogen op un ji köönt sehn, dat dor een Hohn op de Speet stickt. Dat heff ik ok al to ju Hushöllersch seggt, un se worr böös mit mi!«

»Miene Kööksch kann nich beide Ogen opmaken, se hett man bloots een!«

Ulenspegel seggt:

»Dat hebbt se seggt, nich ik.«

»Na ja,« ment de Preester, »man dat tweete Hohn is liekers weg!«

»Dat is richtig,« seggt Till, » dat ene is weg un dat annere stickt noch. Ik heff dat ene opeten, wiel se seggt harrn, ik schull jüst so goot eten un drinken as se un ehr Huushöllersch. Wenn se un de Fru jeder een Hohn eten kunnen, hatt ik nix afkregen - un se harrn mi anlogen. Ik will aver nich, dat se en Lögenmuul nömt warrn!«

Dormit is de Paap tofreden:

»Mien leve Knecht, dat geiht mi nich üm enen Braden, aver in Tokunft muttst du dat doon, wat miene Kööksch vun di verlangt!«

Ulenspegel stimmt to un will oordig sien. Wat se allerdings achterna vun Till verlangt, maakt he bloots half, wiel bi de Instellen vun „halve Arbeit" de Reed weer.

Schall he enen Emmer Water halen, bringt he de Emmer halv full, staats twee Hölter vör dat Füer bringt he een Holt. De Bull kriggt een Foder Heu staats twee un de Kann mit de Wien is man ok halv full. De Huushöllersch markt, dat Till ehr Schereree maakt un wiel se em dat nich seggen will, geiht se mit em to de Preester.

»Leve Knecht,« seggt de to Ulenspegel, »miene Magd klaagt över di un ik heff doch seggt, dat du allens doon schallt, wat se will.«

»Jo, Herr, ik heff ok nix anneret daan, as se mi dat seggt harrn. Ik kunnt mien Deenst mit halve Arbeit doon un ehr Kööksch wull geern mit twee Ogen kieken, man se hett bloots een. Also süht se bloots halv un ik maak halve Arbeit!«

De Paap mutt lachen, aver siene Huushöllersch is fuchtig un drauht, dat se weggeiht, wenn de Lorbass Till fürder as Knecht arbeidt. Gegen sien egen Will mutt he nu Ulenspegel vör de Döör setten.

Wiel aver in dat Dörp Büddenstedt de Köster körtens storven weer, verhannelt de Preester mit de Buern un se kaamt övereen, dat Till Ulenspegel as Karkendener instellt warrt.

12. Historie

Ulenspegel warrt Köster in Büddenstedt, lett de Preester in de Kark schieten un winnt en Fatt Beer

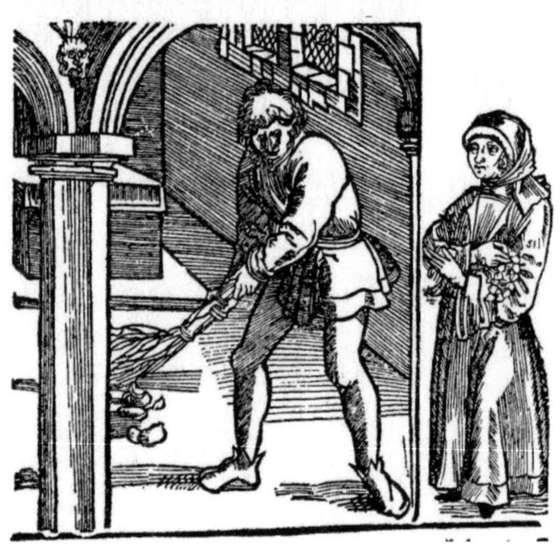

As Till nu Köster in Büddenstedt is, kann he so luut singen, as sik dat för en Köster tohört. De Paap steiht mit sien Karkendcener an en Dag vör de Altor un treckt sik dat witte Choorhemd an, wiel he de Meß holen will. Ulenspegel steiht achter em un hölpt bi't Antrecken, as de Paap mit eenmal en Furz loslött, de as en Dunnerslag dörch de ganze Kark schallt! Till fraagt em:

»Herr Preester, woso oppern se dat anstatt Wiehrook uns Herrn hier vör de Altor?«

De Preester aver antert:

»Wat fraagst du? Dat hier is miene Kark! Ik heff de Macht, dat ik midden in de Kark schieten kann!«

Ulenspegel seggt dorop:»Dat schall woll se un mi en Fatt Beer gellen, of se dat doon!«

De Paap is inverstahn un se wedden üm dat Fatt Beer.

»Ik bün so driest un frie«, seggt de Preester, dreiht sik üm , schitt en grote Hupen in siene Kark un seggt to Till:

»Kiek her, Köster, nu heff ik dat Fatt Beer wunnen!«

Aver Ulenspegel is dormit nich inverstahn:

»Nee, nee, wi wüllt toeerst utmeten, of dat redig in de Mitt is, as se dat seggt harrn!«

Un dat weer dat nich , do fehlte woll en grotet Stück. Also winnt Till dat Fatt Beer. De Huushöllersch is füünsch un schimpt mit de Paap:

»Se wüllt vun disse Sleef nich laten, bet he se in Schann bringt!!«

13. Historie

Ulenspegel föhrt in de Oostermeß en Speel op, bi dat sik de Paap, siene Huushöllersch un de Buern in de Hoor kriegen un sik slaan

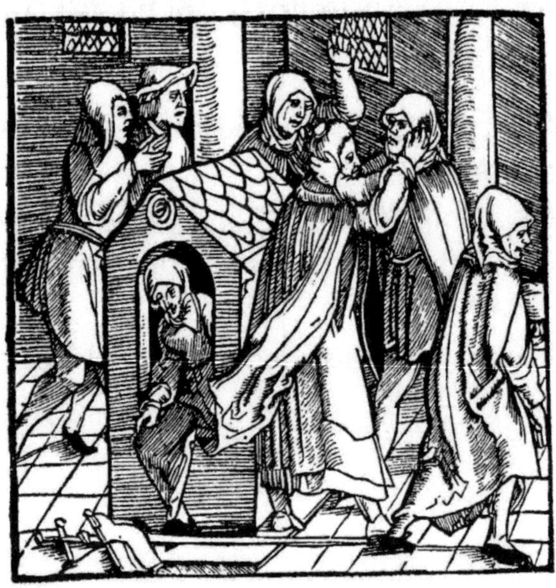

As Oostern dicht bi is, seggt de Paap to sien Karkendener: »Dat is hier Gewohnheet, dat de Buern in de Oosternacht en Oosterspeel opführen, wo uns Herr ut dat Graff opersteiht. Dorbi mutt de Köster helpen, dat is hier begäng, dat he dat Speel utrichtet un leddet.« Till denkt na un fraagt:

»Wo schall dat Marienspeel afgahn mit de Buern? Dor is doch keeneen Buer dorbi, de studeert is. Se mööt mi ehr Huushöllersch utlehnen, de kann schrieven un lesen!«

De Preester is inverstahn:

»Nimm dorto, wer di helpen kann; miene Kööksch is al männichmaal dorbi west.«

De Fru is dat ganz recht, se will de Engel in 't Graff sien, denn se kann de Riemels utwennig. Till söcht sik twee Buern, he un de beiden wüllt de dree Marien spelen. Un he liehrt een Buer siene Riemels op latiensch. De Paap schall de Herrgott sien un ut dat Graff operstahn.

As nu Ulenspegel mit siene twee Buern, de sik all dree as Marien utstaffiert harrn, an dat Graff kaamt, fraagt de Kööksch as Engel in't Graff op Latiensch:

»Quem quaeritis?

Dat heet soveel as: »Welkeen söökt ji hier?«

Darophen antert de vöörste Buer mit de Wöör, de Ulenspegel em liehrt hatt:

»Wi söökt ene ole, eenogde Paapenhoor!«

As se dat hört, dat se so wegen ehr een Oog spottet warrt, is se fuchtig op Ulenspegel, springt ut dat Graff un will em mit de Füüst in't Gesicht hauen. Man se sleit unkontrolleert üm sik un dröppt den enen Buern, dat em sien Oog dick warrt, As de anner Buer dat süht, mengelt he sik in un sleit de Kööksch an de Kopp, dat ehr de Flögels affullen. De Preester süht dat, lett sien Fahn fallen un kummt siene Huushöllersch to Help. He fallt en Buern in't Hoor un wrangelt sik mit de vör de Graff. Nu aver köömt de anneren Buern dorto un dat gifft en grotet Krakeel! De Paap m it siene Kööksch liggt ünnen, so as de beiden »Marien« ok un de Buern mööt se all utenanner trecken.

Man Ulenspegel hett oppasst un is bitieden utneiht.He löppt ut de Kark rut, verswindt ut dat Dörp un is nienich wedder torüch kamen.

Gott alleen weet, woher se nu en anneren Karkendener hernehmen!

14. Historie

Till Ulenspegel verkünnigt, dat he in Magdeborg ut de Ut-
lucht vun't Raathuus flegen will

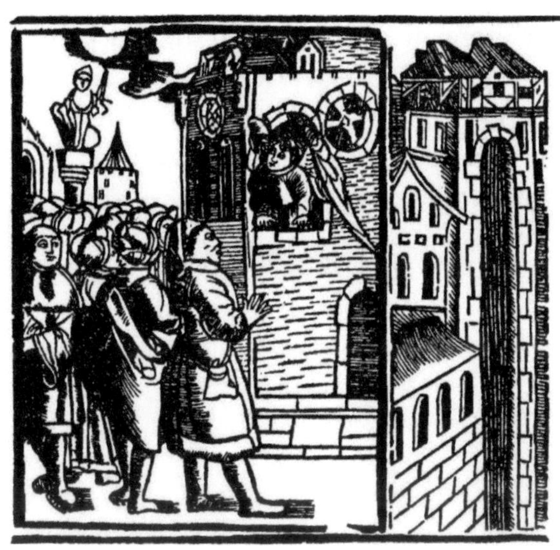

En kotte Tiet nadem Till siene Arbeit as Karkendener op-
geven harr, keem he na de Stadt Magdeborg un maakt
dor veel Undöög, so dat sien Naam överall bekannt worr.

Do beden em hoochansehn Börger ut de Stadt, he schullt
irgendwat aventüürsch doon. Till weer inverstahn un see:

»Ik will dat woll maken. Ik warr op dat Raathuus gahn un
vun de Utlucht rünnerflegen!«

In de Stadt geev dat en grotet Krakeel, ole un junge Lüüd
versammelten sik op de Markt un wullen sik dat ankieken.
Till stunn op de Utlucht un bewegte siene Arms, as wenn he

flegen will. De Lüüd reten de Ogen un Müler op un dachten, he warrt flegen.

Ulenspegel aver fung luut an to lachen:

»Ik dacht, dat gifft keen Door or Narr afsehn vun mi op disse Welt! Nu seh ik, dat hier de ganze Stadt vull vun Dösbaddels is! Un wenn ji mi seggt harrn, dat ji flegen wüllt, ik harr dat nienich glövt!! Ik bün doch nich Goos nich Vagel, ik heff kene Fittkens un ahn Fittkens or Feddern kann keeneen flegen. Nu künnt ji sehn, dat ik ju anlagen harr!«

Un Till leep ut dat Raathuus un leet de Minschen stahn. Welke flökten, en poor lachten un se seen:

»Ok wenn he en Schalksnarr is, he hett doch de Wohrheit seggt!«

15. Historie

*Ulenspegel gifft sik sülvst als Dokter ut un behannelt de Dok-
ter vun de Bischop ut Magdeborg*

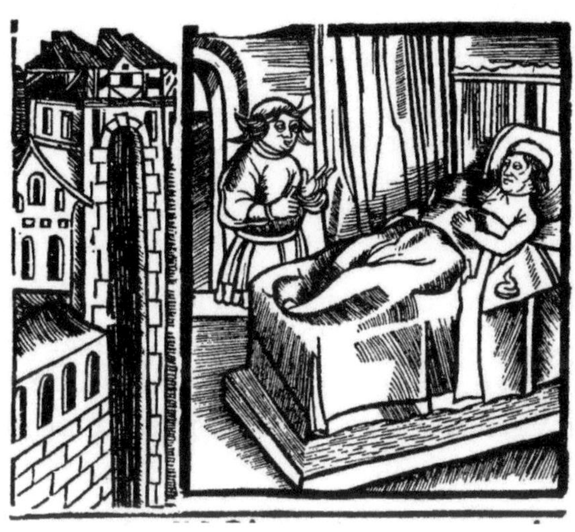

In Magdeborg levte en Bischop mit Naam Bruno, de weer
en Graaf vun Querfurt. De harr vun Ulenspegels Undöög
höört un he leet em op sien Slott Giebichensteen kamen. De
Bischop harr de Schavernnack geern un he geev em
Kledaasch un Geld. Ok de Deensten kunnen em goot lieden
un se dreven veel Spijöök.

Nu harr de Bischop en Dokter, de hoochnesig weer, wiel
he studeert harr un heel sik för wies. De Dener vun de Bi-
schop aver kemen mit em nich torecht, wiel he nich geern
Narren üm sik harr. He see to de Bischop un siene Röten:

»Een kann mit wiese Lüüd an deHoff leven, aver ut vele
Grünn nich mit Narren tosamen!«

De Ridders un de Deensten verklorten dorto, dat siene Ansicht nich richtig is:

»Wer Ulenspegels Narrenkraam nich hören will, de kann doch weggahn! Nich een, nich anner warrt dorto dwungen!«

Aver de Dokter anterte:

»Narren to Narren, Wiese to Wiesen! Harrn de Fürsten wiese Lüüd bi sik, so harrn se de Wiesheit jümmers vör Ogen. Wenn se aver mit Narren Ümgang hebben, nehmt se sik bloots dumm Tüüch an!«

Do seen vele Lüüd:

»Welkeen is denn de Wiese, de glövt, he is wies? Do gifft dat vele, de vun Narren bedragen worrn. Dat gehört sik för Fürsten un Herren, dat se allerlei Volk an ehre Hööv holen. Mit de Doren verdrieven se Fantasien un wo de Herren sünd, wüllt de Narren ok sien!«

Do kemen de Hofflüüd to Till un beden em, dat he sik en Striek utdenkt, üm de Dokter sien Hoochmoot un Dünkel torüchtobetahlen. Se un ok de Bischop wullen em dorbi hölpen.

Ulenspegel weer inverstahn:

»Jo, ji Eddellüüt un Ridder, wenn ji mi hölpen wüllt, so warr ik de Keerl woll enen bipuulen!«

He toog veer Weken över't Land un weer de ganze Tiet an't Överleggen, wat he mit de Dokter maken warrt. Bald full em wat in un he keem wedder tolrüch to dat Slott Giebichensteen. He geev sik för enen Dokter ut un harr sich ok so utstffeert, wiel de Dokter vun de Bischop männichmol süük weer un nehm veel Medizin in.

Nu vertellten de Ridders den Dokter, dat en annere Dokter - ok en Mediziner - kamen is, de vele Arzneikünst in'n Griff hett. De Dokter güng darophen to de Harbarg, harr Till aver nich wedderkennt, Na en kotten Snack nehm he Till mit op de Borg. Se kemen in't Gespreek un de Dokter see:

»Wenn ji mi vun miene Krankheit gesund maken köönt, warr ik ju goot lohnen!«

Till anterte mit Wöör, as se Dokters in solk Fäll so seggen. He geev em den Raat, dat he ene Nacht bi em liggen mutt, dormit he beter faststellen kann, wat he vun Natur veranlaagt is.

»Ik will se vör dat Inslapen noch wat geven, dormit se düchtig sweten. An de Sweet warr ik künnig, wat se för ene Süük hebben.«

Also güngen beide to Bett un de Dokter glövte, dat allens, wat Ulenspegel em vertellt harr, ok wohr is.

Till aver geev de Dokter en scharpet Afföhrmiddel. De Arzt dacht, dat weer en Middel, dormit he bannig sweten kann un wüss nich, dat he dat kregen harr, üm sien Darm leddig to maken. Un nich bloots dat: Ulenspegel nehm en Steenpott , scheet enen groten Hopen rin un stellte de Pott mang de Dokter un de Wand op de Beddkant. Do stunk em de Schiet in siene Nees un de Ogen, so dat he sik to Ulenspegel ümdreihn müss, de vörn in de Puuch leeg. As de Dokter sik ümkdreiht harr, leet Till en stille Furz, de aver abasig stunk! De Arzt dreihte sik üm - un do stunk wedder de Pott! So dreev dat Ulenspegel mit de Dokter de halve Nacht.

Do sloog dat Afföhrmiddel an un dat güng so scharp, snell

un dull, dat sik de Dokter vun baven bet ünnen bescheten harr un ganz ekelig stunk!

»Wat nu, wöördige Dokter, ehr Sweet hett al lang gräsig stunken. Wo kümmt dat vun , dat se solk enen Sweet sweten? De stinkt höllsch övel!«

De Dokter leeg in dat Bett un dacht: » Dat kann ik ok rüken!« un he weer so vull vun Gestank, dat he kuum reden kunn. Ulenspegel see:

»Blievt man still liggen. Ick will bloots en Licht halen üm to kieken, wie dat üm se steiht.«

As Till nu opstunn, leet he noch en gewaltige, aver stille Furz rut un see:

»Oh weh, ik warr ok al ganz kodderig, dat kümmt vun ehr Süük un ehr Gestank!«

De Dokter leeg un weer so slapp, dat he kuum sien Kopp heven kunn, un dankte de Herrgott, dat de »Arzt« nu weg weer. Nu kunn he en beten Luft kriegen un aten. Denn in de Nacht, wenn he opstahn wull, harr Ulenspegel em fastholen, dat he sik nich opbören kunnt, un seggt, he müsst eerst noch genoog sweten.

Ulenspegel verleet dat Slott un leep weg. Intwüschen worr dat de helle Dag un nu kunn de Dokter de Steenpott mit de Schiet op de Beddkant sehn. Man kunn an sien Gesicht sehn, dat he vun de Gestank krank weer. De Ridders un de Hooflüüd segen em un wünschten en Goden Morgen. Man de Dokter snackte heel klöterig un kunn kuum antern. He gung in de Saal un leed sik op ene Bank un en Küssen. De Hooflüüd halten de Bischop un fragen de Dokter, wo em dat mit de »Arzt« gahn is. »Ik bün vun en Schalk överrumpelt worrn! Ik dacht, he weer en Dokter vun de Medizin, man he weer en Dokter vun de Bedregeree!«

Un he vertellte allens, wat he beleevt harr.

Do fungen de Bischop un de Hooflüüd an to lachen un spraken:

»Dat is nu ganz so schehn, as se dat seggt harrn. Se seen, man schall sik nich üm Narren scheren, denn de Wiese warrt dwatsch. Aver se seht, dat en dörch Narren klook warrn kann. De Dokter weer Ulenspegel, de se nich wedderkennt harrn. Se hebbt em glövt un he hett se bedragen. Man wi, de wi uns mit em afgeven harrn, harrn em kennt! Wi hebbt se nich warnt, tomaal se so klook sien wullt. Nüms is so wies, dat he nich ok Narren kennen schullt! Un wenn narmswo en Narr is, an wat kann een denn de Wiesen kennen?«

Do sweeg de Dokter still un jammerte nich mehr.

16. Historie

De sössteihnte Geschicht hannelt dorvun, datTill Ulenspegel
in Peine en kranket Göör to'n Schieten holp

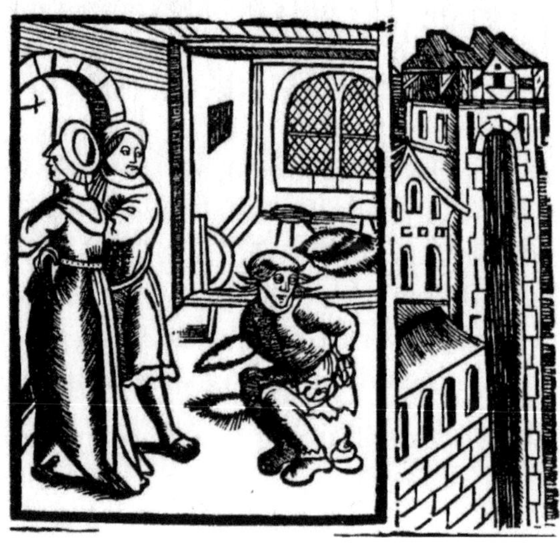

E ne Arznei, de goot ansleit, warrt oft wegen en lütt beten
Geld nich köfft, un dorbi mutt man dorför bi de Hökers,
de över Land trecken,veel mehr betahlen. So weer dat ok al
mol bi dat Klooster in Hilmessen schehn.

Dorhin keem Ulenspegel eens in ene Harbarg, wo he goot
bekannt weer. De Kröger weer aver nich to Huus, un de
Weertsfru harr en süket Kind bi sik.

Till fraag de Krögersch, wat denn dat Kind fehlt. De Fru
anterte:

»Dat Kind kann nich to Stohl gahn. Wenn et dat kunnt,
wörr em dat beter gahn.«

Ulenspegel mente, dat dat dorför woll doch enen goden Raat geven wörr, un de Krögersch versprook:

»Help em, ik warr se geven, wat se wüllt!«

Till aver wull dorför nix nehmen, wiel dat för em ene lichte Kunst is un he see:

»Töövt man noch en lüttje Wiel, denn ward dat schehn!«

Nu harr de Weertsfru wat in dat Dörp to dohn un gung dorhen, wieldess Ulenspegen en grote Kötel an de Wand scheet. He stellte de Kackstohl doröver un sett dat Kind dorop.As nu de Fru wedder torüch weer, seeg se dat Göör op de Stohl sitten un fraag, wer denn dat woll doon harr.

»Dat heff ik dohn. Se harrn doch seggt, dat Kind kann nich to Stohl gahn, also heff ik dat Kind dorop sett!«

Nu kreeg se dat wies, wat ünner de Stohl leeg.

»Kieken se her, dat hett mien Kind alltiet in sien Lief leggen. Hebben se velen Dank, dat se mien Kind holpen harrn.«

Ulenspegel see:

»Vun disse Arznei kann ik mit Gott's Help veel maken.«

De Fru aver beed em fründlich, dat he ok ehr de Kunst liert, se will em geven, wat he verlangt. Ulenspegel aver see, dat he fardig to'n Afreisen is, wenn he wedderkümmt, will he ehr dat woll lieren. He saddelte sien Peerd un reed op dat Dörp Rosenthal to, man he kehrte üm un wull wedder dörch Peine na Celle rieden. Dor stunnen halv naakte Dener as Wachter vun de Borg un fragen Ulenspegel, wodenn he her keem. He see:

»Ik kaam vun Koldingen un kann sehn, dat ji nich veel an

totrecken hebbt.«

»Hör to, wenn du vun Koldingen kummst, wat lett uns de Winter seggen?«

»De will ju nix seggen laten, de will ju sülvst anspreken!«

Un Till reed dorvun un leet de halfnaakte Lüüd stahn.

17. Historie

Disse Geschicht vertellt uns, dat Till Ulenspegel in en Kran-
kenhuus an bloots een Dag all de Kranken ahn Medizin ge-
sund maakt harr

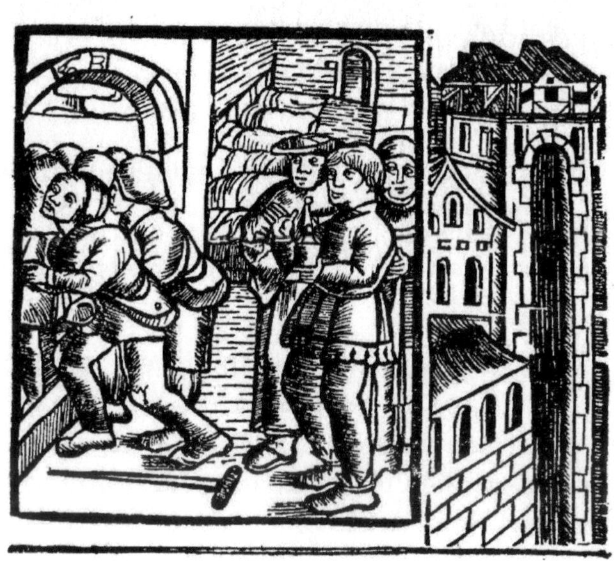

E ens keem Ulenspegel na Nürnbarg und sloog grote Breef
an de Dören vun't Raathuus un vun de Karken un geev
Bescheed, dat he en gode Dokter fö all Krankheiten is. Do
weer ene grote Tahl vun süke Minschen in en Krankenhuus,
wo de hillige Speer vun Christus un anneret Afsünnerlichet
opbewahrt weer. De Baas vun dat Huus harr en Deel vun de
Süken ehr Gesundheet wünscht un weer se to geern los
worrn. Also gung he to de Dokter Ulenspegel un fraag, of he
na de anslaan Mitdeelen siene Kranken gesund maken kann;
he wull em dat ok ornlich lohnen.

Ulenspegel see, he wull vele vun de Süken helen, wenn de Baas em 200 Gulden toseggt. De Spitalmeester versprook dat un Ulenspegel see, he wull keeneen Penn hebben, wenn he de Süken nich op de Been bringt. De Baas seggte dat to un he geev Till 20 Gulden as Afslag.

De »Dokter« Ulenspegel nehm twee Knechten mit, gung in dat Krankenhuus un fraag jeden Kranken, wat för en Gebreek em plagt. Bevöör he de Patschent verleet, beswoor he jeden:

»Wat ik di nu kunddo, schasst du as Geheemnis för di beholen un keeneen vertellen!«

Nadem de Kranken dat versproken un sworen harrn, see Ulenspegel:

»Wenn ik ju Süke gesund maken un op de Been helpen schall, kann ik dat nur so doon: ik mutt een vun ju to Pulver verbrennen un dit de anneren to'n drinken geven. Dat mutt ik doon! De Doodskranke vun ju, de nich mehr lopen kann, will ik to Pulver verbrennen, dormit ik all de anneren helpen kann.

Ik warr mit de Baas vun dat Krankenhuus in de Döör stahn un ju opwecken un luuthals ropen:

Wer vun ju nich krank is, de kumm rut!

Pass op. dat du dat nich verslöppst, denn de letzt mutt de Teek betahlen, de letzt bieten de Hunnen!«

Ulenspegel sprook to jeden Patschent alleen un jedereen harr sik dat markt. As dat denn so wiet weer, un Ulenspegel mit luute Stimm reep, lepen all de Süken mit kranke un lahme Been rut, nüms wull de letzte sien. Do weren Lüüd dorbi, de in de letzte teihn Johren nienich ut ehr Bett kamen weren.

As all de Kranken rut un das Huus leddig weer, verlangte Ulenspegel sienen Lohn; de Spitalmeester weer so dankbar un geev em dat Geld. Till aver see, he müss swind in ene annere Gegend un reed foort.

Dree Daag later kemen all de Patschenten torüch un jammerten över ehre Gebreeken.

»Wo kann dat angahn? Ik heff doch de grote Meester herbröcht! De hett ju holpen, so dat ju all sülvst rutgahn sünd!«

Do vertellten se de Baas, womit de »Dokter« se drauht hett:

»Wer as de letzt ut dat Huus rut weer, wenn he röppt, de schull to Pulver verbrennt warrn!«

Do markte de de Krankenhuus-Baas, dat he vun Ulenspegel bedrogen worr. Man de weer weg un de Baas kunn em nix mehr andoon. Also bleven de Kranken wedder in't Krankenhuus un dat Geld weer verloren.

18. Historie

*Ulenspegel köfft Broot na dat Sprickwoort »Welkeen Broot
hett, de warrt Broot geven«*

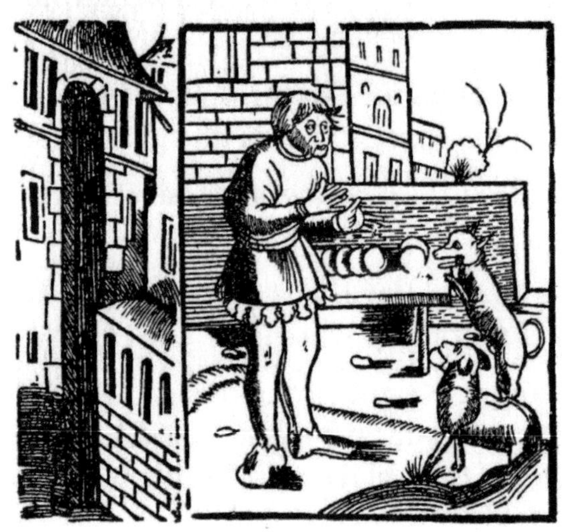

T ru gifft Broot. Nadem Ulenspegel de Dokter op dat Slott
Giebichensteen bedrogen harr (15. Historie), keem he
achterna na Halberstadt. He gung op de Markt un seeg, dat
dat en harde un kole Winter weer. He dacht:

»De Winter is hart un dorto weiht en scharpe Wind; du
hest männichmal hört, welkeen Broot hett, de warrt Broot ge-
ven.«

Un he köff för twee Schillinge Broot, nehm en Disch , stell-
te sik vör de Doom vun Sankt Stephan un bood sien Broot
an. He maakt so lang Spijöökenkraam, bet en Hund keem , en
Broot vun de Disch stohl un dormit in de Doomhoff ves-
wunn. Ulenspegel leep achteran.

Middewiel keem ene Söög mit teihn Farkens un stööt de Disch üm. Elk nehm en Broot in't Muul un all lepen weg.

Ulenspegel aver fung an to lachen un see:

»Nu seh ik kloor, dat de Wöör falsch sünd wenn een seggt: Welkeen Broot hett, de warrt Broot geven! Ik harr Broot un dat worr mi nahmen!«

Un he sett to;

»O Halberstadt, Halberstadt, du hest dien Naam torecht! Hier is allens bloots half. Dien Beer un Kost smecken woll, aver de Geldbüdels sünd ut Swiensledder maakt!«

Un denn reiste he wedder na Brunswiek.

19. Historie

Ulenspegel verdüng sik in Brunswiek as Bäckergesell un backte Ulen un Aapkatten

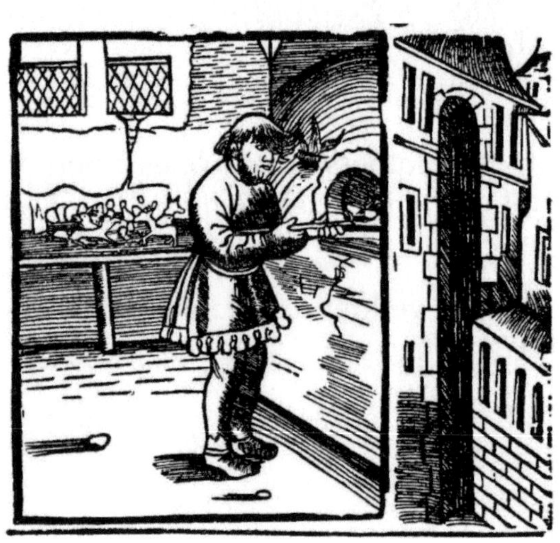

As Ulenspegel nu wedder in Brunswiek un in de Harbarg för wannerne Bäckergesellen weer, reep em en Brootbäcker in sien sien Huus un fraag em, wat he för en Gesell is. Un Ulenspegel anterte:

»Ik bün en Bäckergesell.«

De Bäcker see: » Ik heff jüst kenen Gesellen, wullt du för

mi arbeiden?«

Un Ulenspehgel see:»Jo!«

Nadem he al twee Daag bi em west is, wies de Meester em an, al avends anfangen to backen, wiel he Till bet to'n annern

Morgen nich helpen kunnt. Ulenspegel fraag:

»Ja, wat schall ik denn backen?«

De Bäcker weer en licht opbrusende Keerl, he keem in Brass un see in'n Spott:

»Büst du en Bäckergesell un muttst eerst fragen, wat du backen schallst? Wat plegt man denn to backen? Ulen un Aapkatten!«

Un denn gung he in de Puuch to'n slapen.

Ulenspegel aver gung in de Backstuuv un formte ut de Deeg nix as Ulen un Aapkatten, de heel Backstuuv full un backte se.

De Bäcker stunn morgens op un wull sien Gesell helpen. As he in de Backstuuv keem funn he nich Wecken nich Stuten, man bloots luter Ulen un Aapkatten! Do worr de Meester fuchtig un reep:

»Dat di op de Stell dat Fever packt! Wat hest du dor backt?«

Ulenspegel anterte:

»Wat se mi befohlen harrn, Ulen un Aapkatten.«

 De Bäcker sprook:

»Wat schall ik mit dat Narrentüüch dohn? Solk Broot kann ik nich bruken. Ik kann dat nich to Geld maken.«

Un he greep Ulenspegel an de Hals un verlangte:

»Betahl mi mien Deeg!«

Ulenspegel see:

»Jo, wenn ik se de Deeg betahl, is denn de Woor, de dor-
vun backt is, mien?«

Un de Meester anterte:

»Wat fraag ik na solk Kraam! Ulen un Aapkatten kann ik
in mien Laden nich bruken!«

Also betahlte Till de Bäcker sienen Deeg, packte de backten
Ulen un Aapkatten in en Korf un droog se ut dat Huus in de
Harbarg »To'n Wille Mann«. Dorbi dachte he bi sik, ik heff
männichmal hört, dat man de abasigsten Dinger na Bruns-
wiek bringen un dorför noch Geld maken kann.

An'n Vöravend vun de St.Nikolaus-Dag, stellte sik Ulen-
spegel mit siene Backwoorn vör de Kark, verköff all de Ulen
un Aapkatten un kreeg veel mehr Geld, as he den Bäcker för
de Deeg betahlt harr. Dat aver harrn de Lüüd den Bäcker ver-
tellt undat verdroot em. He leep to de St.Nikolaus-Kark un
wull vun Ulenspegel ok noch de Kösten för dat Holt un dat
Backen verlangen.

Man Ulenspegel weer jüst weg un de Meester harr dat Na-
sehn!

20. Historie

Ulenspegel sevte in'n Maandschien Mehl in de Hoff

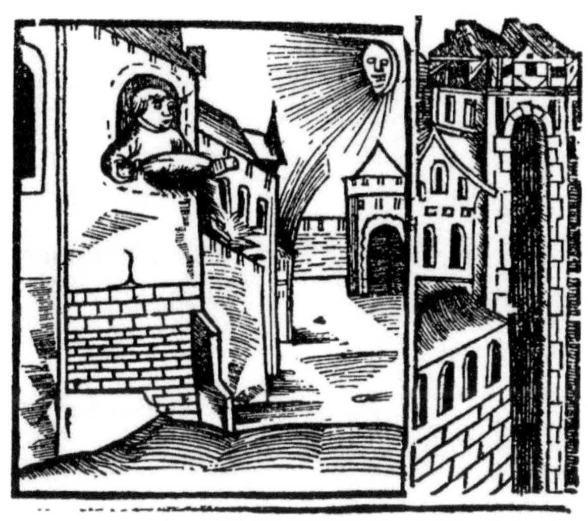

Ulenspegel wannerte in dat Land ümher, keem in dat Dörp Uelzen un worr dor wedder en Bäckergesell. As he denn bi en Meester weer, do rüst de Bäcker allens för dat Backen torecht. Ulenspegel schull dat Mehl in de Nacht seven, dat dat fröh an annern Morgen fardig is. He aver see: »Meester, ji schullt mi en Licht geven, dormit ik bi't Seven sehn kann!«

De Bäcker anterte:

»Ik geev di keen Licht. Ik heff miene Gesellen to disse Tiet nienich Licht geven, se müssen in'n Maandschien seven. Also muttst du dat ok so dohn!«

Ulenspegel weer inverstahn:

»Wenn de in de Maandschien sevt harrn, so will ik dat woll ok dohn!«

De Meester gung to Bett un wull en poor Stünnen slapen.

Till nehm de Mehlbüdel, heel em ut dat Finster rut un sevte dat Mehl in de Hoff, jümmers in dat Licht, wohen de Maand schien. As de Bäcker früh an annern Morgen opstunn, weer Ulenspegel egalweg an't Seven. De Bäcker seeg, dat Ulenspegel dat Mehl in de Hoff sevte, de al vun dat Mehl ganz witt weer, un see:

»Wat to'n Düvel deist du hier? Dat Mehl hett veel Geld köst, dat kannst du doch nich eenfach in de Dreck seven!«

Ulenspegel aver see:

»Hebbt se mi nich seggt, **in** de Maandschien to seven ahn Licht? Dat heff ik akkerat so daan!«

De Meester see:

»Ik harr seggt, du schullst **bi** dat Maandlicht seven!«

»Nu denn, Meester, weest blots tofreden, beides is jo schehn, **in** un **bi** de Maandschien! Un dorbi is jo nich mehr verloren, as ene Handvull. Ik will dat wedder tohoopkleien, dat schadet dat Mehl heel wenig.«

De Brootbäcker aver see:

»Wieldat du dat Mehl opkleist, kann ik kenen Deeg maken. Dat is nu to laat to'n Backen!«

»Mien Meester«, see Till, »ik weet enen goden Raat! Wi warrt akkerat so snell backen as uns Naver. Sien Deeg liggt in de Backtrog, wenn ji den hebben wüllt, will ik em halen un uns Mehl an jenne Stell dregen.«

De Bäcker aver keem in Raasch:

»Du warrst den Düvel halen! Gah to den Galgen, du Racker, un hal de Deef rin, avber laat de Deeg vun uns Naver liggen!«

»Jo«, see Ulenspegel un gung ut das Huus to den Galgen. Dor leeg de Liek vun en Deef, de vun de Galgen rünnerfullen weer. He nehm de Liek op siene Schuller un droog se in dat Huus vun de Bäcker.

»Hier bring ik dat, wat an de Galgen leeg. Woto wüllt ji dat hebben? Ik wüsst nich, woto dat goot sien schall.«

Un de Bäckermeester see:

»Bringst du sünst nix mehr?«

Ulenspegel sprook:

»Nee, do weer nich mehr dor.«

De Bäcker worr böös un see fuchtig:

»Du hest dat Gericht vun de Stadtraat bestahlen un ehren Galgen berovt. Ik will dat den Börgermeester vertellen, dat warrtst du sehn!«

De Bäcker verleet sien Huus un gung op den Markt - man Ulenspegel gung achterran. De Bäckermeester harr dat so ielig, dat he sik nich ümseeg un ok nich markte, dat Ulenspegel em nakeem. De Bäcker gung to den Börgermeester, de op de Markt stunn, un fung an, sik to besweren. Ulenspegel weer snell; as de Bäcker anfung to klagen, stunn he direktemang neven em un reet beide Ogen wiet op. As nu de Bäcker Ulenspegel seeg, keem he so in de Brass, dat he vergeet, woröver he sik besweren wullt un fraag Ulenspegel vergrellt:

»Wat wullt du?«

Ulenspegel anterte:

»So as se mi dat seggt harrn, will ik sehn, woans se mi be de Börgermeester verklagen. Wenn ik dat also sehn schall, mutt ik miene Ogen ganz dichtbi bringen, dormit ik dat ok sehn kann!«

De Bäcker see to Ulenspegel:

»Du büst en Schelm, gah mi ut de Ogen!«

»Jo, so bün ik al oft nömt worrn. Man sete ik in ehr Ogen, so müsst ik ut ehr Neeslöcker rutkrupen, wenn se beide Ogen sluten.«

De Börgermeester markte, dat dat allens en Narrentüüch weer, leet de beiden stahn un gung weg. As Ulenspegel dat seeg, keem he torüch un sprook:

»Meester, wannehr wüllt wi backen? De Sünn schient nich mehr.«

He leep weg un leet de Bäcker stahn.

21. Historie

Disse Historie vertellt, dat Till Ulenspegel jümmers en grau-gelet Peerd reed un nich geern dor weer, wo Kinner weren

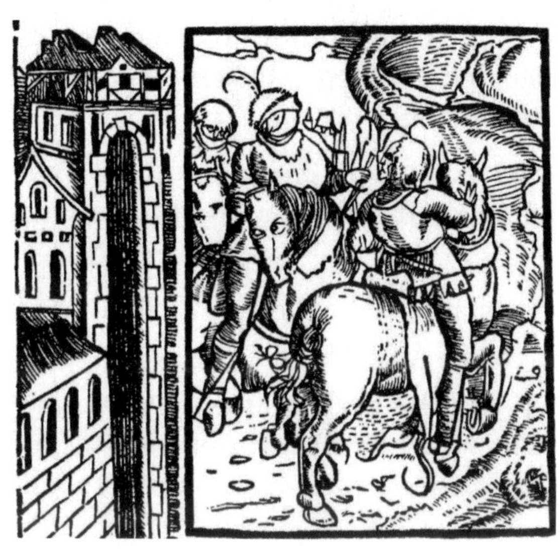

U lenspegel weer jümmers geern in Sellschop, man sien Leven lang harr he ene Afneigung vör dree Dinger.

To'n Eersten reed he keen grauet, man en grau-gelet Peerd trotz Spott, wiel dat Peerd vun de Farv wat afsünnerlichet weer un he dormit opfallen kunn.

To'n tweten wull he nirgends blieven, wo Kinner weren, denn de Lüüd achten wegen ehr Munterheet un ehr Spijöö-ken mehr op se as op em.

Un to'n drütten weer he nich geern in de Harbarg vun en allto friegevige Kröger, denn en ole friegeevsche Weert acht nich op sien Haav un Goot un weer gewöhnlich en Fatt un Suuput. Dor weer ok nich de Sellschop, vun de Winnst to vermoden weer.

Ok krüzte he sik jeden Morgen vör gesunne Kost, vör grotet Glück un vör starke Drunk. Denn gesunne Kost, dat wörr doch bloots Kruut, so gesund dat ok sien mag. Ok krüzte he sik vör de Spies ut de Aftheek, liekers se gesund is, is se doch en Teken för Krankheit.

Un dat wörrr doch woll en grotet Glück, wenn en Steen vun't Dack full or en Balken vun en Huus un man kunn seggen:

» Harr ik dor stahn, so harr mi de Steen or de Balken doothaut! Dat weer mien grotet Glück!«

So en Glück wull he geern missen. De starke Drunk is dat Water, denn dat Water drifft mit siene Kraft grote Möhlrööd an, aver ok männicheen gode Gesell drinkt sik de Dood dorvun!

22. Historie

Till Ulenspegel verdüng sik bi de Graaf vun Anhalt as Toorn-
bläser

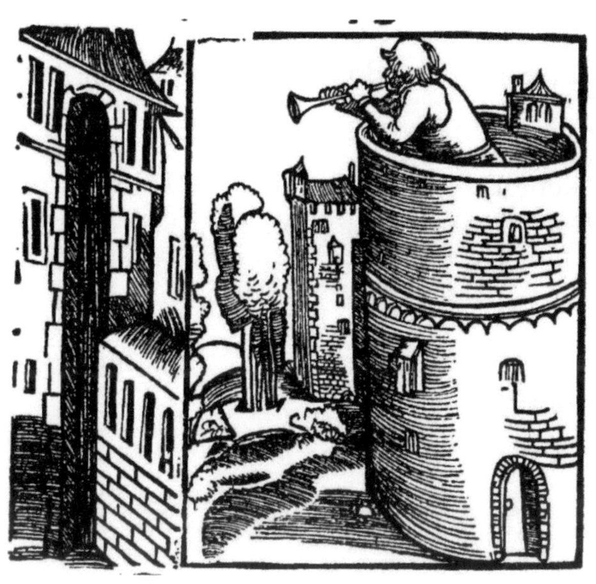

Nich lang achterna keem Ulenspegel to de Graaf vunAn-
halt un verdüng sik dor as en Toornbläser. De Graaf
harr vele Fiende un so harr he in de Stadt un op sien Slott en
Köppel vun Rieders un Hoffvolk, de jede Dag to spiesen we-
ren. Man se harrn Ulenspegel op de Toorn vergeten un he
kreeg nix to eten. Un an de sülvige Dag reden de Feenden vör
de Stadt un dat Slott, stohlen all de Köh vun de Weid un dre-
ven se weg. Ulenspegel leeg op de Toorn un kunn dat dörch
en Finster sehn, man he maakte kenen Larm, nich mit Blasen,
nich mit Bölken. As nu de Naricht to den Graaf keem un he
mit siene Lüüd de Deeven achterran reed, segen en poor, dat

Ulenspegel in en Toornfinster leeg un lachte. De Graaf reep em to:

»Wat liggst du dor in dat Finster, maakst kenen Larm un büst so still?«

Till reep torüch:

»Vör dat Eten roop un do ik dat nich geern!«

»Wullt du nich de Feenden anblasen?« fraag de Graaf.

»Ik dörv kene Feenden anblasen, dat Feld is sunst vull vun se, un en Deel is al mit de Köh weg! Wenn ik noch mehr Feenden ranblase, se slaan ju doot! Ik denk, dat is goot so!«

De Graaf reed in flegen Hast achter de Deeven her un streed mit jem. He keem torüch mit vele Köh, de se slachten , delten un broden.

Ulenspegel dacht, dat ok he en Deel vun de Braden afkregen kunn un weer op de Wacht, wann dat woll Etenstiet is. Un wedder worr Till vergeten!

He aver schree luuthals: »Feindaiow, Feindaiow!« un blies in sien Hoorn.De Graaf un siene Ridders lepen vun de Disch weg, op de dat Eten al stunn, in Wehr un Wapen dörch dat Door üm n a de Feenden to kieken. As se weg weren, leep Ulenspegel snell vun sien Toorn to de Disch vun de Graaf un nehm sik vun de Tafel Kaktet, Bradent un wat em so tosee un gung wedder op sien Toorn .

As de Rieders un dat Footvolk op de Feller kene Feenden segen, sproken se miteenanner:

»Dat het de Toornkeerl ut Undöög doon!«

Se kehrten üm un güngen torüch to de Door. De Graaf

reep to Ulenspegel rop:

»Büst du appeldwatsch or dull worrn?!«

Ulenspegel anterte:

»Ik bün nich achtersinnig!«

De Graaf wull weten:

»Worüm hest du „Feindaiow" blasen un dor weer keene en?«

»Wieldat kene Feinden dor weren müss ik welke anlocken.«

»Du maakst luter unrechte Dinger! Wenn Feenden do sünd, wullt du se nich anblasen, un wenn kene Feenden do sünd, blast du se an! Dat s chullt woll Verraat sien!«

Un de Graaf sett em af un en annere Bläser staats Till op de Toorn.

Ulenspegel müss nu as en Footknecht mit de annere rutlopen. Dat verdroot em bannig un he weer geern weg wesen, kunn sik aver nich mit Anstand wegscheren.

Wenn se gegen de Feenden uttrocken, so tögerte he jümmers un weer de Letzt, de ut dat Door leep, un wenn de Slacht to Enn weer un se wedder torüch kemen, weer he de Eerste an't Door.

»Wie schall ik dat verstahn,« fraag de Graaf Ulenspegel,

»wenn du mit uns gegen de Feenden uttreckst, büst du egalweg de Letzte un wenn dat na Huus geiht, büst du de Eerste!?«

Ulenspegel sprook :

»Ji mööt kenen Pick op mi hebben, denn wenn ji un ehr
Deensten al an't Eten weren, seet ik op de Toorn un harr
Smacht; dorvun bün ik flau un ahnmächtig worrn. Wenn ik
nu de eerste an de Feenden sien schall, müsst ik mi extra beie-
len un de Tiet wedder inhalen, dat ik ok de eerste an de Tafel
un de letzte bi't Opstahn bün, dat ik wedder stark un kresig
warr. Denn kunn ik woll de eerst un de letzte an de Feenden
sien.«

»So hör ik woll«, see de Graaf, »du wullst dat bi mi bloots
so lang utholen, as du op de Toorn seetst?«

»Wat jedereen natüürlich tosteiht, dat nimmt man em ge-
ern,« anterte Ulenspegel. Man de Graaf see:

»Du schallst nich mehr mien Knecht sien!«

un smeet em rut. Do weer Ulenspegel froh, denn he harr
kene Lust, Dag för Dag mit de Feenden to fechten.

23. Historie

Ulenspegel leet sien Peerd mit golleneHoofiesen beslaan un de König vun Däänmark müss se betahlen

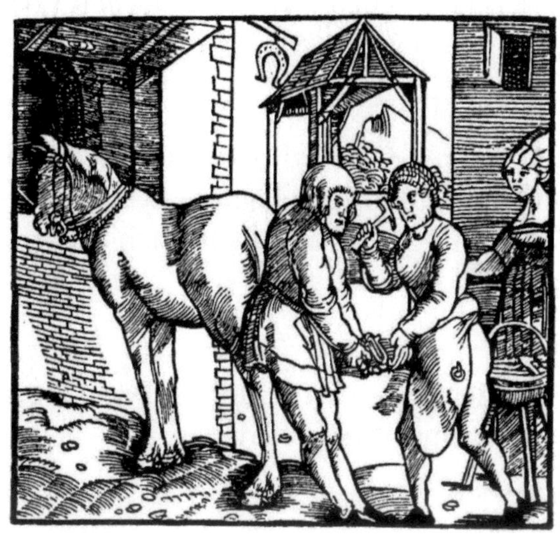

Ulenspegel weer so en Hoffmann worrn, dat de Roop vun sien Düchtigkeit männiche Fürsten un aadlige Herren to Ohren keem. Dat müchen disse Lüüd woll lieden, denn se geven em Kledaasch, Peerd, Geld un Kost. So keem he ok to de König vun Däänmark, de em bannig geern harr un em beed, wat aventüürschet to maken: he wull dorför sien Peerd mit de allerbesten Hoofiesen beslagen laten.

»Kann ik dat woll glöven?«

fraag Ulenspegel de König, un de see, dat dat wohr is, wenn he dat na sien Woort deiht. Ulenspegel reed mit sien Peerd to en Goldsmitt, leet dat mit gollene Hoofiesen un sül-

verne Nagels beslagen, gung to de König un beed em, dat he
de Hoofbeslag betahlt. De König weer inverstahn un wies sie-
nen Schiever an, de Reken to betahlen. De Schriever dacht,
dat dat en eenfache Smitt west weer, man Ulenspegel broch
em to de Goldsmitt. Un de wull hunnert däänsche Mark heb-
ben! Dat aver wull de Schriever nich betahlen un vertellte dat
sienen König.

De König leet Ulenspegel halen un see to em:

»Ulenspegel, war för enen düren Hoofbeslag hest du ma-
ken laten!? Wenn ik all miene Peer so beslagen leet, müsst ik
Lann un Lüüd verköpen! Dat heff ik nich ment, dat du dien
Peerd mit Gold beslagen lettst!«

Ulenspegel see:

»Gnädige König, ji see, dat schull de beste Hoofbeslag sien
un ik schull mi na ehre Wöör richten.«

De König anterte:

»Du büst mien allerleefste Hoffmann un deist, wat ik di
segg,«

müss dorbi lachen un betahlte de hunnert Mark.

Ulenspegel aver leet de gollenen Hoofiesen afrieten, reed
to en Smeed un leet sien Peerd mit Iesen beslagen. He bleev
bi de König, bet de storven weer.

24. Historie

Ulenspegel wunn en Wettstriet mit de Hoffnarren vun de poolsche König op derbe Oort un Wies

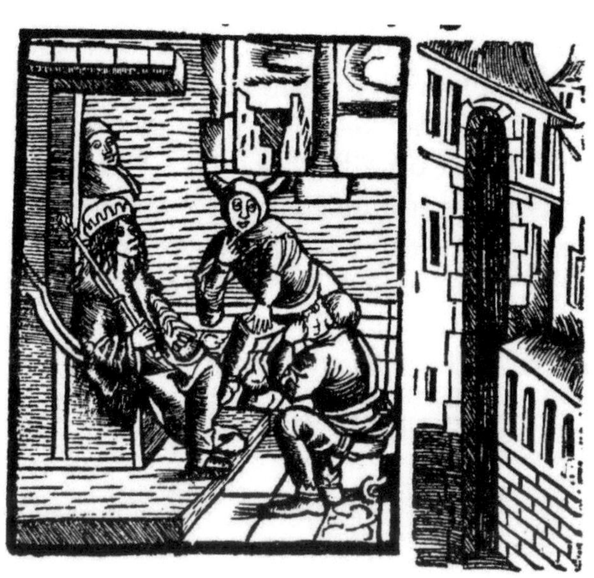

(Bevöör ik disse Historie vertell, mutt ik toeerst wat anmarken. Dat Book vun Till Ulenspegels Aventüern is al in vörige Johrhunnerte nich jümmers free vun Kritik west. De Universitäts-Perfesser Georg Paschius (1661 - 1707) schreev, dat man de »Ulenspegel« nich en Book nömen kann, wiel dat bloots gröffste un dullste Spijööken sünd. Wer de nochmal vertellt, beleidigt schaamhafte Ohren un maakt ut sien Mund en Moors.

Man mutt aver sehn, wannehr dat Book schreven worr! In dat 16. Johrhunnert weren vele Dinger nich so anstötig, as se

*in latere Tieden worrn. Dat schrifft ok de Perfesser Flögel, lie-
kers he disse Historie as to smuddelig nich op Düütsch man
in Latiensch schreven harr!)*

To de Tieden vun de hoochwollboren König Kasimir III.
(Kasimir de Grote) in Polen levte an sien Hoff en Hoff-
narr, de vele Spijööken un Künsten un ok goot op de Vigelien
spelen kunn. An een Dag keem Ulenspegel to de König, de al
veel vun em hört harr un Till weer em en leve Gast, de de Kö-
nig al lang geern sehn un hört harr. Aver ok sienen Hoffnar-
ren harr he bannig geern - also kemen de beiden tosamen. So
keem dat to dat Sprickwoort: Twee Narren in een Huus doon
heel raar goot! De Hoffnarr kunn Ulenspegel nich lieden,
wull sik aver ok nich verdrieven laten.

Dat harr de König markt , leet de beiden in en Saal kamen
un see:

»Wohlan, wer vun ju de gröttste narrsche Spijöök maakt,
de de anner em nich namaakt, de schall niege Kledaasch un
noch twintig Gulden dorto hebben. Un dat schall nu
aflopen!«

Also maken sik de beiden an ehren Narrenkraam, dreven
veel Apenspeel mit krumme Müler un abasige Snackeree, un
wat sik de een vör de annere utdenken kunn, üm em to över-
drapen. Man wat de Hoffnarr ok dee, harr em Ulenspegel na-
maakt, un wat Ulenspegel vorföhrte, maakt de Hoffnarr em
na.

De König un all siene Ridder lachten över de drulligen
Aventüern, de se sehn un hören kunnen. Ulenspegel dacht bi
sik:

»Twintig Gulden un niege Kledaasch, dat is bannig goot! Ik will dorüm wat doon, wat ik sünst ungeern maak.«

Un he see, dat de König dat woll egal weer, wer vun de beiden den Pries winnen wörr. Also gung Ulenspegel merrn in de Saal, hukte sik hen un scheet en groten Dutt. Denn nehm he en Lepel, delte den Hupen in twee Halven, reep to de Hoffnarren:

»Kumm her! Do mi dat na, wat ik di vörmaken will.«

He nehm de Lepel vull mit de halve Schiet un eet dat op!! Denn bood he de Hoffnarren de Lepel an un see:

»Hest du dat sehn? Nu eet du de annere Halfpart un denn schiet ok du enen Hupen, deel de utenanner un ik will di denn naeten.«

Do see de Königsnarr:

»Nee, nix dor! Dat mag woll de Düvel doon! Un schullt ik mien Leevdaag naakt gahn, ik eet so wat nich vun di un ok nich vun mi!«

So wunn Ulenspegel de Wettstriet in't Spijöökenspeel, de König geev em de niege Kledaasch un de twintig Gulden un Ulenspegel reed mit siene Priesen dorvun.

25. Historie

Ulenspegel worr verbaden, sik in dat Hartogtum Lünborg optoholen, sneed sien Peerd op un stunn in dat Aas

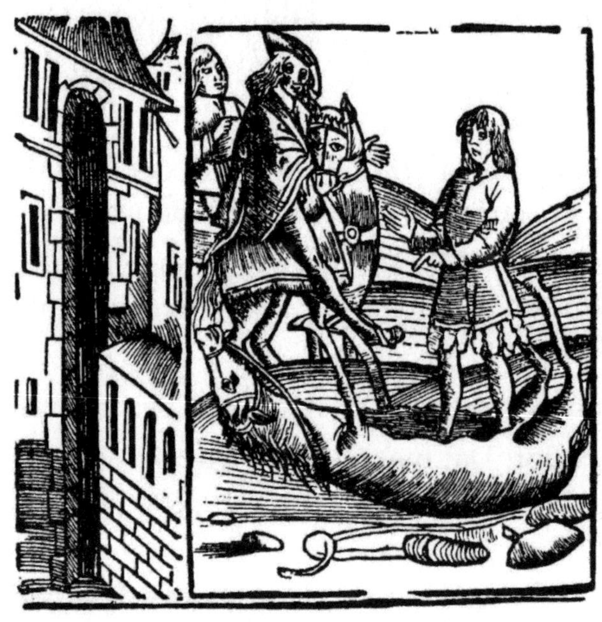

In Celle, in dat Land Lünborg, do harr Ulenspegel inst en aventüerlichet Spijöök maakt. Dorophen verbed em de Hartog vun Lünborg dat Land; schullt he wiederhen hier sehn warrn, schull he fungen un ophangt warrn. Liekers mied Ulenspegel dat Land nich; wenn em sien Weg dorhen führte, so reed or gung he dennoch dörch dat Land.

Eens begev sik dat, dat he al wedder mol dörch dat Lünborger Land rieden wull, do bemött em de Hartog! As Ulenspegel em künnig worr, dacht he:

»Wenn dat nu de Hartog is un ik flücht, so halen se di mit ehr Kracken in un steken mi vun't Peerd. Un denn kümmt de Hartog, is in Raasch un hangt mi an en Boom op!«

Na korte Tiet harr he en Infall. He sprung vun sien Peerd, sneed de Krack de Buuk op, nehm de Kaldaunen rut un stellte sik in de Rump. As nu de Hartog mit siene Rieders to de Stell keem, wo Ulenspegel in de Buuk vun sien Peerd stunn, seen de Deners to de Hartog:

»Seht, Herr, dor steiht Ulenspegel in de Huut vun en Peerd!«

Do reed de Hartog to em un sprook:

»Ulenspegel, büst du dat? Wat maakst du in dat Aas hier? Weetst du nich, dat ik di mien Land verbeden heff un wenn ik di hier finn, so warr ik di an en Boom ophangen laten!«

Do see Ulenspegel:

»Oh gnädigste Herr un Fürst. Ik haap, dat se mi mien Leven schenken. Ik harr doch nich so wat Böset daan, dat dat dat Ophangen weert is!«

De Hartog reep em to sik:

»Kumm her to mi un bewies mi diene Unschuld! Un wat menst du dormit, dat du in de Peerdhuut steihst?«

Ulenspegel keem rut un anterte:

»Gnädige un hoochborene Fürst. Ik quäl mi üm ehr Ungnaad un heff bannige Angst! Aver ik heff all mien Leevdaag hört, dat jedereen in siene veer Pahlen Freden hebben schall.«

Do fung de Hartog an to lachen:

»Wullt du nu ok in de tokamen Tiet vun mien Land weg-
blieven?«

Ulenspegel anterte:

»Gnädige Herr, as dat ehr fürstliche Gnaaden will.«

De Hartog reed foort un see:

»Bliev as du büst!«

Ulenspegel sprung snell ut dat dode Peerd un see to em:

»Dank ok, mien leev Peerd, du hest mi holpen un mien Le-
ven reddet. Un du hest dorför sorgt, dat de Hartog wedder
gnädig is! Nu ligg man hier! Dat is beter, dat di de Raven fre-
ten, as dat se mi freten harrn!«

Un he leep to Foot dorvun.

26. Historie

Ulenspegel köff in't Lünborger Land vun en Buern en Deel vun sien Acker un seet dorin in en Koor

(Disse Geschicht is ene Afännerung vun de Historie 25; man de Afloop un de Utgang stimmen binah övereen.)

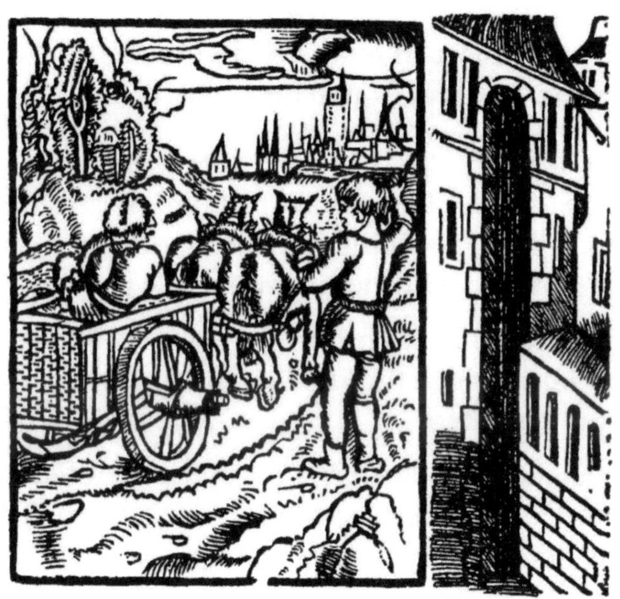

Achterna keem Ulenspegel torüch, gung in en Dörp bi Celle un tövte, wannehr de Hartog wedder na Celle rieden warrt . He droop en Buer op sien Acker. Ulenspegel harr sik en anneret Peerd köfft un en Koor. He fohr to den Buern un fraag em, wokeen de Acker hört, de he plögen wullt. De Buer see:

»Dat is mien Acker, ik heff em arvt.«

Do froog Ulenspegel, wat he em woll för de Koor vull Eerd geven müsst. De Buer wull een Schilling dorför hebben. Ulenspegel geev em de Schilling , laad de Koor vull Eerd vun de Acker, kreep do rin un fohr vör de Borg vun Celle an de Aller.

As de Hartog nu ankeem, see he Ulenspegel, der op de Koor seet bet to de Schullern in de Eerd. Do sprook de Hartog:

»Ulenspegel, ik harr di mien Land verbeden un wenn ik di hier andraap, so wullt ik di ophangen laten!«

Ulenspegel aver see:

»Gnädige Herr, ik bün nich in ehr Land, ik sitt hier in mien Land, dat ik för een Schilling köfft heff vun en Buern, de mi vertellt hett, dat dat Land sien Arvdeel is.«

»Fohr hen mit dien Eerddeel ut mien Eerddeel!« see de Hartog, »un kumm nich torüch! Ik warr di sünst mit Peerd un Koor opbammeln laten!«

Ulenspegel steeg ut de Korr, sprung op sien Peerd un reed ut dat Land. De Koor leet he vör de Borg stahn. Un so liggt Ulenspegels Eerd noch vör de Brüch.

27. Historie

*Ulenspegel malte de Landgraaf vun Hessen un maakte em
wies, dat unehliche Lüüd dat Bild nich sehn künnt*

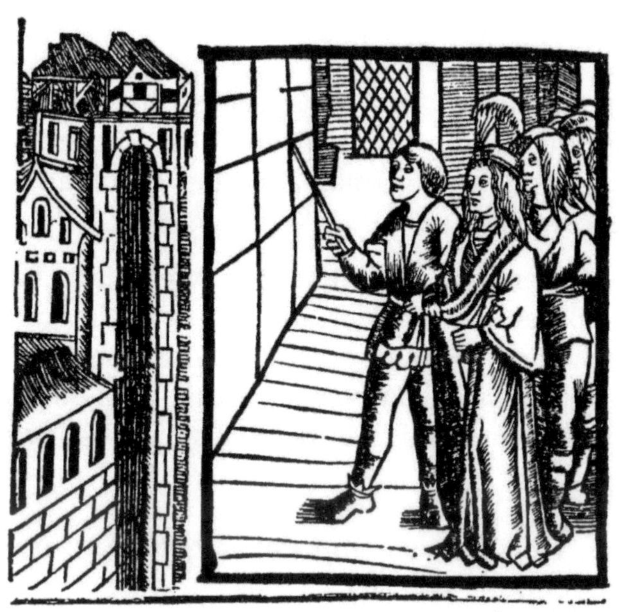

Aventüerliche Dinger dreev Ulenspegel in dat Land Hes-
sen. Nadem he dat Land Sassen üm un üm bereist
harr, weer he dor so künnig, dat he sik mit siene Spijööken
nich mehr nehren kunn. He begeev sik in dat Land Hessen to
de Hoff vun de Landgraaf na Marburg. De Graaf fraag em,
wat he woll allens kunnt. Ulenspegel anterte:

»Gnädige Herr, ik bün en Künstler.«

Doröver freute sik de Graaf un weer de Menen, Ulenspegel
weer en Artist, de wat vun Alchemie versteiht, denn he sülvst

befaat sik ok mit de Alchemie. Also fraag he, of he en Alchemist weer, man Ulenspegel see:

»Gnädige Herr, nee, ik bün en Maler, de man in vele Länner nich finnen worr, wiel miene Maleree annere Arbeiden wiet överdröppt.«

»Laat uns dorvun wat sehn!«

födderte de Landgraaf, un Ulenspegel stimmte to. He toog en poor op Linnen malte Biller ut en Sack, de he in Flandern köfft harr, un wies se de Graaf. De Biller fullen em bannig un he see to Ulenspegel:

»Leve Meester, wat wüllt ji hebben, wenn ji uns unsen Saal utmalt mit Biller vun de Herkumst vun de Landgrafen vun Hessen un wat se befründt weren mit de König vun Ungarn un mit annere Fürsten un Herren un wolang dat duert hett? Un wüllt ji uns dat op dat allerherrlichste maken?«

Ulenspegel anterte:

»Gnädige Herr, so as se mi dat opgeven , warrt dat woll veerhunnert Gulden kösten.«

De Landgraaf weer inverstahn un see:

»Meester, maakt uns dat man goot, wi wüllt ju dat woll lohnen!«

Ulenspegel nehm also de Opdrag an. Doch müss em de Graaf hunnert Gulden Afslag geven, dormit he Farven köpen un Gesellen instellen kunn. As Ulenspegel mit dree Gesellen de Arbeit anfangen wull, födderte he vun de Landgraaf, dat keeneen anner as de Gesellen in de Saal gahn dorv, dormit he bi siene Maleree nich stört or ophollen warrt. Dat see em de Landgraaf to.

Also warr he sik mit de Gesellen enig un se kemen över-
een, dat se swiegen un em arbeiden leten. Se dorven nich ar-
beiden un schullen liekers ehre Löhn kriegen. Ehr gröttste Ar-
beit schull dat Brettspeel sien. De Gesellen willigten in un we-
ren tofreden, dat se mit Nixdoon liekers ehr Geld kregen.

Dat duerte üm un bi veer Weken bet de Landgraaf sehn
wull, wat denn de Meester mit siene Kumpanen malt harr un
wat dat so goot warrt as de Proven. Un he sprook Ulenspegel
an:

»Ach, leve Meester, uns verlangt gor dull, juch Arbeit to
sehn. Wi wüllt mit ju in de Saal gahn un de Maleree bekie-
ken.«

Ulenspegel anterte:

»Jo, gnädige Herr, aver eens mutt ik ju Gnaden vörweg
seggen, wer mit se in de Saal ringeiht un dat Bild ansüht un
nich ehlich boren is, kann mien Bild nich sehn!«

De Landgraaf weer rein ut de Tüüt:

»Meester, dat west wat heel Grotet!«

Also güngen se in de Saal. Ulenspegel harr en langet Lin-
nendook an de Wand spannt, de he anmalen schull. Dat toog
he en beten torüch, wies mit en lütte witte Stock op de Wand
un see:

»Kieken se, gnädige Herr, disse Mann is de eerste Land-
graaf vun Hessen, en Columneser ut Rom. He harr as Fürstin
un Fru ene Herzogin vun Bayern, de Dochter vun de rieke
Justinian, de later Kaiser worr. Seht, gnädige Herr, de Graaf
tüügte Adolfus un de tüügte Willem de Swatte un de Ludwig
de Frame un denn gung dat so wieder bet to ju fürstliche

Gnaden. Ik weet, dat nüms miene Arbeit köstern kann, so kunstvoll un vun so schöne Farven.«

Dat Ulenspegel de Ahnengalerie erfunnen harr, dorvun see he keen Woort!

De Landgraaf kunn nix sehn man bloots de witte Wand un dacht bi sik:

»Schullt ik woll en Horenbalg sien, denn ik seh nix anneret as ene witte Wand?«

Üm de Anstand to wohren, see he:

»Leve Meester, uns langt ehr Arbeit woll . Doch hebbt wi nich noog Sinn, üm se richtig to achten,«

un gung ut de Saal. As de Landgraaf to de Fürstin keem, fraag se em:

»Ach, gnädige Herr, wat malt denn ehr friee Maler? Ji hebbt dat sehn, seggt ju siene Arbeit to? Ik heff kuum Vertroon to em, he süht ut as en Schelm.«

Aver de Graaf see:

»Leve Fru, mi gefallt siene Maleree dörchut.«

»Gnädige Herr« fraag se, »dörven wi dat Bild ok ansehn?«

»Jo, wenn de Meester tostimmt.«

Se leet Ulenspegel to sik kamen un wull ok de Maleree sehn. Ulenspegel vertellte ehr datsülve, wat he ok al de Graaf vertellt harr:

»Wer nich ehlich boren is, de kann miene Arbeit nich sehn!«

Se gung mit acht Jungfroons un ene Hoffnarrsche in de Saal. Ulenspegel toog wedder dat Dook torüch, so as vörher ok, un vertellte de Gräfin de Herkumst vun de Graaf, een Stück na dat annere. Man de Fürstin un de Jungfroons swegen all still, nüms lövte or schull dat Bild. Jede harr Bammel, dat se dörch en Ehbreken vun Vadder or Mudder entstahn un dormit unehlich weer. Opletzt sprook de Hoffnarrsche:

»Levste Meester, ik kann nix vun en Bild sehn, un ik schullt all mien Leevdaag en Horenbalg sien?«

»Dat kann nich goot warrn! Wenn de Doren de Wohrheit seggen, mutt ik wohrhaftig wannern!!«

Un Ulenspegel toog ehr Wöör in't Lachhafte. De Fürstin gung to ehr Mann. De fraag se, of ehr dat Bild toseggt hett. Se anterte:

»Gnädige Herr, dat gefallt mi genauso as ju Gnaden. Man uns Narrsche, de gefallt dat Bild överhaupt nich. Se seggt, se süht keen Bild, akkerat so as unse Jungfroons. Ik vermod, dor is Swinnel in't Speel!«

Dat nehm sik de Fürst to Harten un he överleed, of he woll bedrogen worr. He leet Ulenspegel utrichten, dat he dat Bild fardigstellen schull, all Hoffbedeenstete müsst siene Arbeit bekieken. Un de Graaf wullt sehn, wer vun siene Ridders ehlich or unehlich is, de Lehen vun de unehlichen worrn de Graaf hören.

Ulenspegel güng to siene Gesellen, geev jem Urlaub un födderte vun de Rentmeester noch eenmal hunnert Gulden. He kreeg se un güng denn ok dorvun.

An de tokamen Dag fraag de Graaf na sien Maler, man de weer al weg! Do güng de Graaf mit all siene Bedeenstete in

de Saal un wull sehn, of jichtenseen de Maleree sehn kunn.
Man keeneen kunn seggen, dat he wat süht. As all Lüüd
swegen, see de Landgraaf:

»Nu künnt wi sehn, dat wi bedragen worrn sünd un üm
Ulenspegel harr ik mi nienich scheren wüllen, liekers is he to
uns kamen. Op de tweehunnert Gulden müsen wi woll ver-
zichten. He aver warrt en Schelm blieven un mutt doröm uns
Fürstentum mieden!«

Also weer Ulenspegel ut Marburg wegkamen un wull sik
in de tokamen Tiet nienich mehr mit de Maleree befaten.

28. Historie

Ulenspegel diskereerte mit de Studenten op de Universität vun Prag in Böhmen un bestunn de Pröven

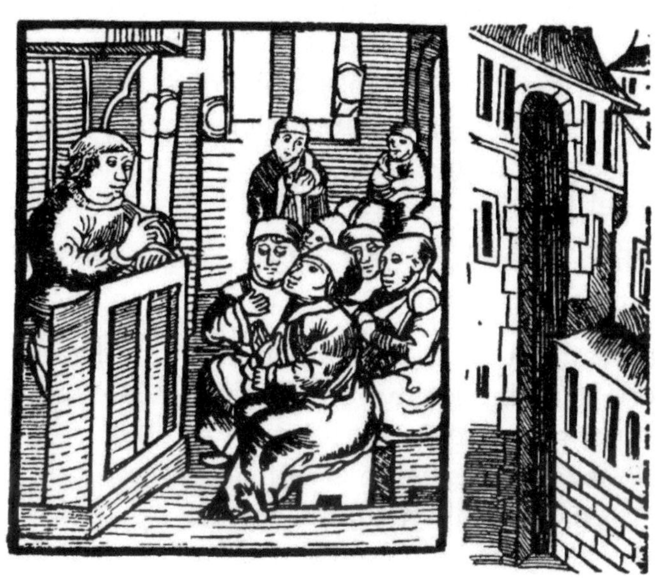

V un Marburg toog Ulenspegel na Prag in Böhmen. To de Tiet wahnten dor noch gode Christen; dat weer vör de Tiet, as John Wyclif ut Ingland de Ketterie na Böhmen broch, de dor vun Jan Hus ünner de Lüüd brocht warr. Ulenspegel geev sik ut as en grote studeerte Meester, de swore Fragen beantwoorden kunnt, op de annere Studeerte kene Verkloren or Antwoort hebben. Dat leet he op Zedels schrieven un sloog se an de Karkendören un de Hörsalen an. Dat aver verdroot de Rekter un sien Kollegium, de Dokters, de Lehrers un de heel Universität weren ölvel dran. Se kemen tosamen, üm to raatslaan, wat för Fragen se Ulenspegel stellen schullt, de he nich lösen kunnt. Wenn he denn slecht dorhensteiht, kunnt se em beschamen! Dat worr vun se besluten un för richtig holen. Un se kemen övereen un leden fast, dat de Rekter de Fragen stellen schull.

Se leten dörch ehren Huusmeester utrichten, dat he sik an de tokamen Dag vörstellen schall un op de Fragen, de he opschreven kriggt, vör de ganze Universität antern mutt, dormit sien Weten exameneert un achtet warrt. Sünst schull he an de Universität nich tolaten warrn. Ulenspegel anterte de Huusmeester:

»Segg diene Herren, ik will dat so doon un ik haap, dat ik as en frame Keerl bestahn warr, as ik dat al lang doon heff!«

An de tokamen Dag versammelten sik de Dokters un de Studeerten. Wieldat keem ok Ulenspegel un bröch sienen Weert, en poor annere Börgerlüüd un en Barg vun gode Gesellen mit sik, wiel he Bammel vör Studenten harr, de Larm maken un em överfallen kunnt. As he in de Versammeln keem, müss he op en Lehrstohl stiegen un op de Fragen, de se em vörleden, antern.

De eerste Fraag, de de Rekter an em richt, weer, dat he seggen schull, wovele Liter Water in dat Meer sünd. Wenn he de Fraag nich lösen un kene Antwoort geven kann, wullen se em as en unstudeerte Gegenspeler vun de Wetenschop verdüveln un bestrafen.

Op disse Fraag anterte Ulenspegel behenn:

»Wöördige Herr Rekter, befehlt se dat Water, wat an alle Enden in dat Meer löppt, still to stahn, so will ik messen, bewiesen un dorvun de Wohrheit seggen, un dat is licht to begriepen.«

Dat weer unmööglich för de Rekter, dat Water optoholen! Also nehm he vun de Fraag Afstand un Ulenspegel müss nich nameten. De Rekter stunn blameert do un stellte de neegste Fraag:

»Segg mi, wovele Daag sünd vergahn siet Adams Tieden bet hüüttodaags?«

Ulenspegel see kort:

»Blots söven Daag, un wenn de rüm sünd, so fangen söven ni'e Daag an. Dat duert bet an't Enn vun de Welt.«

Denn stellte de Rekter em de drüdde Fraag:

»Segg mi gau, wo is de Merrn vun de Welt!«

Un Ulenspegel anterte:

»De is hier, disse Stell is akkerat merrn in de Welt. Un dat dat wohr is: so laat se dat mit ene Snoor nameten un wenn ok blots een Strohspier fehlt, so will ik Unrecht hebben.«

De Rekter leet Ulenspegel de Fraag af, eh he dat nameten wull. Un he stellte em in Raasch de veerte Fraag:

»Segg an, wo wiet is dat vun de Eer bet to de Heven?«

Ulenspegel see:

»Dat is ganz dicht bi vun hier. Wenn een in Heven redet or röppt, dat kann een hier ünnen woll hören. Stiegt rop, so will ik hier ünnen lies ropen, dat warrt se in Heven hören. Un wenn se dat nich hören, so will ik wedder Unrecht hebben.«

De Rekter weer mit de Antwoort tofreden un stellte glieks

de föffte Fraag:

»Wo groot is de Heven?«

Ulenspegel anterte op de Stell:

»He is dusend Klafter breet un dusend Ellbagens hooch, do verdo ik mi nich! Wenn ji dat nich glöven wullt, so nehmt de Sünn, de Maand un all de Steerns vun Heven un meten se dat na. Se warrt finnen, dat ik recht heff, liekers se nich doran kamen warrt!«

Wat schullen se seggen? Ulenspegel geev se över allens Utkunft un all müssen em Recht geven.

Nadem he de Studeerten mit Schalkheit överkregen harr, tövte he nich lang. He harr Bammel, dat se em wat to drinken geven un he dorvun kreperen kunnt. He toog de lange Taloor ut, güng foort un keem na Erfurt.

29. Historie

Ulenspegel lehrt in Erfurt en Esel dat Lesen in dat Ole Testament vun de Bibel

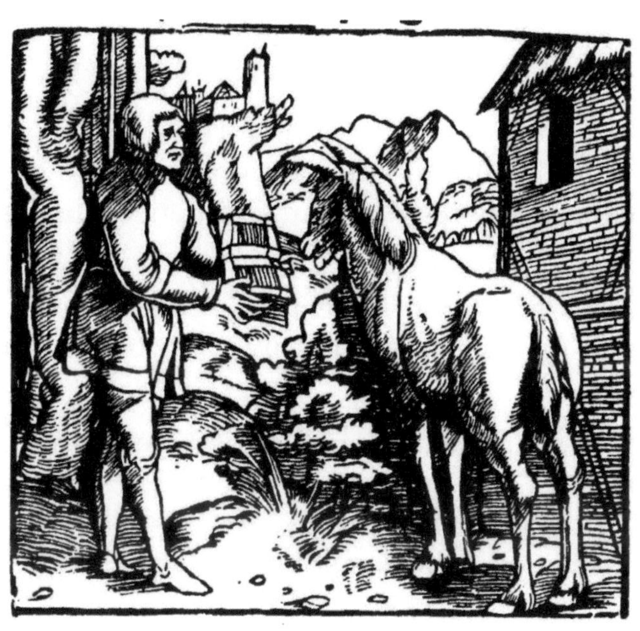

Nadem dat he in Prag sien Spijöök maakt harr, harr he dat bannig ielig, na Erfurt to kamen, wiel he dacht, dat de Lüüd ut Prag achter em her weren.

As he nu in Erfurt ankeem, wo ok ene grote un beropene Universität stunn, sloog he ook hier siene Zedels an. Dat Lehrpersonal vun de Universität harr al veel hört vun siene Sluusohrigkeit un raatsloog, welke Fraag se em opgeven schullen, dormit dat jem nich so geiht as de in Prag un se nich mit Schimp un Schann dorstünnen. Se besloten, Ulenspegel en Esel in de Lehr to geven, denn do geev dat vele Esels in Erfurt, ole un junge. Se schickten na em un sproken:

»Magister, ji hebbt kunstrieke Breven anslaan, dat ju jede Kreatuur in korte Tiet Lesen un Schrieven bibringen köönt. So sünd de Herren vun de Universität hier un wüllen ju en junge Esel in de Lehr geven. Troet ju ju dat to, ok em to lehren?«

Ulenspegel see jo, aver he müsst Tiet dorto hebben, wiel dat de Esel undüchtig to reden un unvernünftig is. Doröver warrn se sik mit em enig för twintig Johren. Ulenspegel dacht bi sik:

»Wi sünd dree: starvt de Rekter, so bün ik free. Starv ik, welkeen will mi mahnen? Starvt mien Schöler, so bün ik ok dorvun af.«

He nehm dat an, födderte fiefhunnert ole Schock un se geven em en Barg Geld in vörut. He nehm de Esel un trock mit em na de Harbarg »To'n Toorn«, wo to de Tiet en abasige Weert weer. He bestellte enen Stall alleen för sienen Schöler, schaffte sik ene ole Bibel an un leed se in de Foderkrüff. Un mang de Bläder leed he Havern. De Esel harr dat sehn un bläderte de Sieden mit sien Muul üm, üm an de Havern to kamen. As he nix mehr funn, reep he:

» I - A, I-A !«

As Ulenspegel dat bi dat Deert wies warrt, gung he to de Rekter un see:

»Herr Rekter, wannehr wüllt ji sehn, wat mien Schöler maakt?«

De Rekter see:

»Leve Magister, will de Esel de Lehr denn annehmen?«

Ulenspegel sprook:

»He is vun unmaten groffe Oort un dat fallt mi redig swoor, em to lehren, man ik heff dat mit grote Fliet un vele Arbeit henbekamen, dat he en poor Bookstaven un sünnerlich ok Sülvstluten kennt un nömen kann. Wenn ji wüllt, gaht mit mi, ji schöölt dat dor hören un sehn.«

De gode Schöler aver harr bet namiddaags Klock dree nix to freten kregen. As nu Ulenspegel mit de Rekter un welk Magisters keem, leed he sien Schöler en ni'et Book vör. Sodraad de dat Book in de Krüff funn, smeet he de Sieden hen un her, üm de Havern to söken. Wieldat he nix funn, fung he an, luuthals to schreen:

» I - A, I - A!«

Do sprook Ulenspegel:

»Seht, leve Herr, de beiden Sülvstluten I un A kann he al. Ik haap, he warrt noch goot warrn!«

Ene korte Tiet later storv de Rekter. Ulenspegel verleet sienen Schöler un leet em as Esel gahn, so as em dat vun de Natuur bestimmt weer, un he toog mit dat Geld, wat he kregen harr, weg un dacht, schullt du all de Esels in Erfurt klook maken, dat wörr veel Tiet bruken. He wull dat ok nich doon un leet dat blieven.

30. Historie

Ulenspegel wusch in Sangerhusen in't Land Thüringen de Fruunslüüd de Pelzen

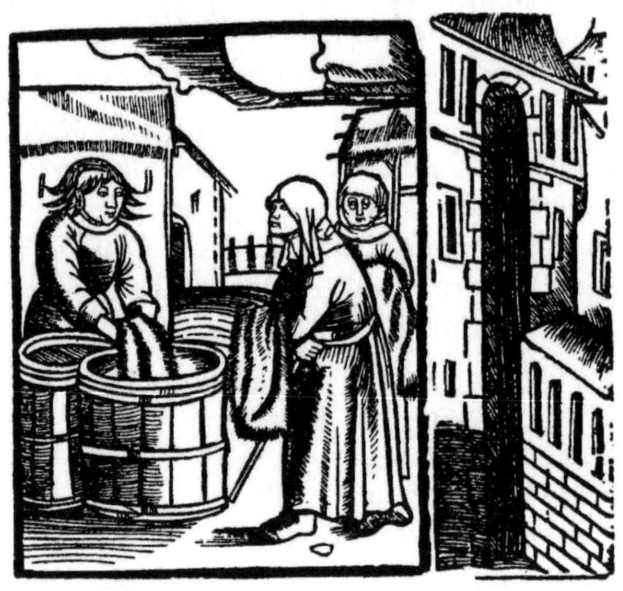

U lenspegel keem in't Land Thüringen in dat Dörp Niens-
tedt bi Sangerhusen un fraag do üm Harbarg. Do keem
de Weertsfru rut un fraag em, wat för'n Handwark he utövt.
Ulenspegel sprook:

»Ik bün keen Handwarksgesell, ik pleg de Wohrheit to seg-
gen.«

De Weertsfru anterte:

»De de Wohrheit seggen bün ik sünnerlich goot Sinnes un
ik geev se geern Harbarg.«

As Ulenspegel sik ümkeek seeg he, dat de Weertsfru schelte un see:

»Schele Fru, schele Fru, wo schall ik sitten un wo legg ik mienen Staff un mienen Sack hen?«

»Ach, dat di nümmer Godet scheht!« see de Krögersche, »all mien Leevdaag hett mi keeneen vertellt, dat ik scheelöögt bün!«

Ulenspegel sprook:

»Leve Krögersche, wenn ik alltiet de Wohrheit seggen schall, so kann ik dat aver nich verswiegen!«

De Weertsfru weer dormit tofreden un lachte doröver.

As Ulenspegel in de Nacht dorbleev, keem he mit de Krögersch in't Snacken. De Reed keem dorop, dat he Pelzen waschen kunnt. Dat see de Fru to un se beed em, de Pelzen to waschen. Se wull ok all de Naverschen seggen, dat se ehre Pelzen to'n Waschen bringen schullen un Ulenspegel weer inverstahn. De Krögersche reep all de Naverschen tosammen un se bröchen all ehre Pelzen. Ulenspegel see:

»Ji mööt Melk dorto hebben!«

De Fruunslüüd harrn Verlangen un Lust op ehre nie'e Pelzen un halten all de Melk, de se in ehre Hüüs harrn. Ulenspegel sett dree Ketels op dat Füer , goot de Melk rin , smeet de Pelzen dorto un leet se seden un kaken. As em dat goot dücht, see he to de Fruunslüüd:

»Ji mööt nu in de Woold gahn un mi wittet, junget Linnenholt haalen un de lüttjen Twiegen afrieten. Wenn ji torüchkaamt, warr ik de Pelzen rutnehmen, se sünd denn noog inweeken. Ik will se denn utwaschen un dorto mutt ik dat Holt hebben.«

De Fruunslüüd güngen willig in de Woold, ehre Kinner lepen neven jem. Se sehmen sik bi de Hänn un sprungen un sungen:

»Oho, gode nie'e Pelzen! Oho, gode nie'e Pelzen!«

Un Ulenspegel stunn dorbi, lachte un see:

»Hebbt Duld! De Pelzen sünd noch nich fardig!«

Wieldat de Wiever in de Woold weren, leed he noch mehr Füerholt ünner un leet denn de Ketels stahn. He gung ut dat Dörp , schull wedderkamen un de Pelzen utwaschen. As nu de Fruuns mit dat Linnenholt torüchkemen, funnen se Ulenspegel nich un dachten, he weer weg. Do wull jede vör de annere ehren Pelz ut de Ketel nehmen, man de weren ganz vermurkst, so dat se utenanner fullen. Also leten se de Pelzen stahn un weren de Menen, dat he noch wedderkamen warrt, üm de Pelzen uttowaschen.

Ulenspegel aver dankte Gott, dat he ahn slimme Folgen afhauen kunn.

31. Historie

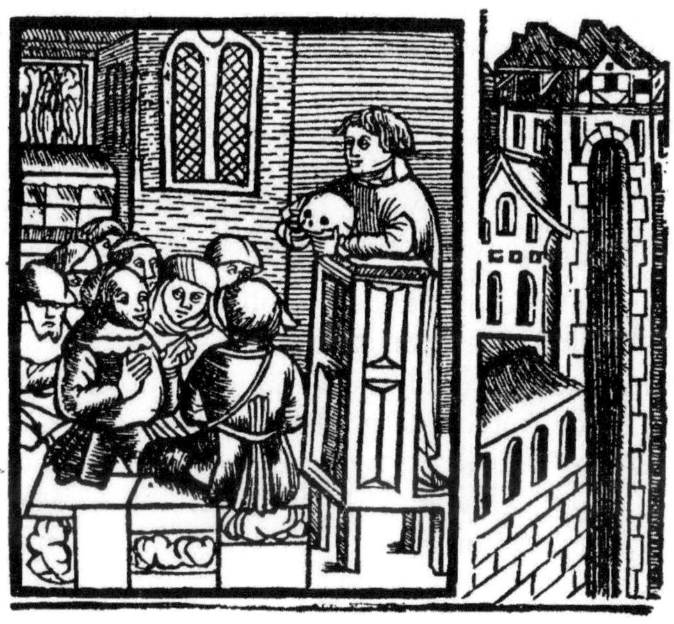

In alle Länner weer Ulenspegel wegen siene Leegheit bekannt un wo he al mol west weer, do weer he nich willkamen, mit Utnahm, dat he sik verkledet harr un de Lüüd em nich erkannten. Toletzt gung em dat so, dat he sik mit Fuulheit nich mehr to nehren troete, liekers he vun de Jöögd an jümmers toversichtlich weer un mit sien Gökelspeel noog Geld verdeent harr. Aver as siene Leegheit in alle Länner künnig weer un sien Inkamen utbleev, dacht he, wat he woll doon schull, üm mit Fulenzen an Geld to kamen. He wull sik as en Hannelsmann för Resten vun Hillige utgeven un mit so ene hillige Reliquie dörch dat Lann reisen.

Ulenspegel kledete sik mit en Schöler as Preesters, nehm enen Dodenkopp un leet em in Sülver faten. He keem in dat Lann Pommern, wo sik de Preesters mehr an't Supen as an dat Predigen helen. Un wo in en Dörp Karkmess or Hochtiet or en anneret Versammeln vun de Lannlüüd weer, gung Ulenspegel to de Paster, dat he Predigen un de Buern dat Heel vun de Reliquie verkünnigen wull, un dat se sik damit beröhren leten. Un vun de Oppergaven, de he kreeg, wull he de Preester dat Halve afgeven. De ungelehrten Preesters weren dormit tofreden, wenn se man bloots Geld afkriegen.

Wenn nu dat allermeiste Buernvolk in de Kark weer, steeg Ulenspegel op de Predigtstohl un vertellte wat vun dat Ole Testament un ok vun dat Nie'e Testament mit de Arche un de gollene Emmer mit dat Hevensbroot dorin un dat dit de gröttste hillige Steed is. Un twischendörch sprook he över de Kopp vun Sankt Brandanus, de weer en hillige Mann. Sien Kopp harr he dorbi un em is befahlen worrn, dormit to sammeln, üm ene nie'e Kark to boen. Un dat dörv blots ut reine Gööd geven warrn. Bi sien Leven dörv he keen Oppergeld vun en Fruunsminsch nehmen, de Ehbruch doon hett. Un wenn so ene Fru hier is, so schullt se stahnblieven. Denn wenn se mi wat oppern wullen un vun Ehbruch schullig sünd, nehm ik dat nich un se stahn sliepsteerts vör em.

»Ji weet nu, wona ji juuch richten möten!«

He geev de Lüüd den Kopp to küssen, de villicht de Kopp vun en Smitt weer, de he vun en Karkhoff nahmen harr. Denn geev he de Buern un ehr Fruuns den Segen, güng vun de Kanzel un stellte sik vör de Altor. De Preester fung an to singen un mit siene Pingel to bimmeln. Do güngen de bösen Wiever tosamen mit de goden to'n Altor mit ehre framen Gaven. Se drammten sik dorhen, dat se hechelten. Un de mit de övelste Roop - an de ok wat wohret weer - wullen de eersten sien mit ehr Opper. Ulenspegel nehm de Gaven vun de Bösen un vun de Goden un wies nix torüch. Un de tüffeligen Fruuns glövten fast an sien listiget Spijöök un weren de Menen, dat ene Fru, de stahnbleven weer, nich fraam weer. De Fru, de keen Geld harr, geev en gollenen or sülvern Ring. Un ene harr op de annere oppasst, of se oppert. Un de, de oppert harrn, menten, se harrn de Ehr attesteert kregen un ehr slechte Roop weer wegnahmen. Ok weren welk dorbi, de twee- or dreemol opperten, dormit dat Volk dat sehn kunn un mit de övle Nareed ophörte.

Un Ulenspegel kreeg de schöönsten Oppergaven, vun de vörher nienich hört worrn weer. Nadem he Oppers nahmen harr, befohl he all de Lüüd, de oppert harrn, bi't Andrauhen vun Bann un Karkenstraaf, kene Sünn mehr to begahn, denn se wesen nu heel frie dorvun . Un wenn en poor Schullige dorbi west sünd, vun de harr he keen Opper nahmen. Also worrn de Fruunslüüd alltohoop froh.

Un wo Ulenspegel henkeem, dor predigte he, worr riek un de Lüüd helen em för en framenPreester, so goot kunn he siene Leegheit verhehlen.

32. Historie

Ulenspegel weckte de Stadtwachters vun Nürnbarg op; as se em achterran lepen, fullen se in't Water

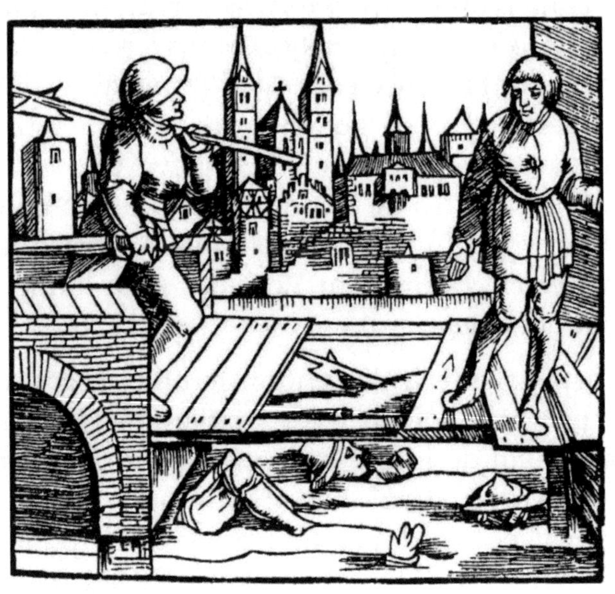

U lenspegel weer klook un anstellig bi siene Spijööken. As he nu mit de Dodenkopp wiet ümherreist weer un de Lüüd düchtig bedregen harr, keem he na Nürnbarg un wull dor sien Geld vertehren, wat he mit de Reliquie kregen harr. Un as he sik ene Tiet lang dor opholen un all Ümstänn sehn harr, kunn he vun siene Natuur nich laten un müss ok hier siene Spijööken maken.

He see, dat de Stadtwachters in dat Wachterhuus ünner dat Raathuus in ehre Rüsten un vulle Wehr un Wapen slepen. Ulenspegel harr in Nürnbarg Weg un Steg nipp un nau kennenlehrt un sik sünnerlich de Steg twischen dat Wachterhuus un de Söögmarkt ankeken. Doröver kann een in de Nacht slecht gahn, denn männiche ordige Deern worr dor piesackt, wenn se Wien halen schull.

Ulenspegel tövte also mit sien Schavernack, bet de Lüüd slepen un dat musenstill weer. Do brook he ut de Steg dree Breder rut un smeet se in dat Water vun de Stroom Pegnitz. Achterna gung he vör dat Raathuus, fung an to flöken un slog mit en ole Kniev op dat Plaaster, dat de Funken stöven! As de Wachters dat hörten, stunnen se snell op un lepen em na. Ulenspegel seeg se, leep vör se her un flüchtete to de Söögmarkt, de Wachters jümmer achter em her. He keem mit knappe Noot vör se an de Stell, wo he de Breder rutnahmen harr un holp sik sülvst över de Brüch. As he op de anner Siet ankamen weer, reep he mit lude Stimm:

»Hoho, wo blievt ji denn, ji angsthafte Böösewichte?«

As dat de Wachters hörten, lepen se em swind truschüllig na un jeedereen wull de eerste sien. Also full een na de annern in de Pegnitz. Dat Lock in de Brüch aver weer so smaal, dat se sik an alle Stellen ehre Müler toschann slogen. Do reep Ulenspegel:

» Hoho, loopt ji noch nich? Morgen köönt ji mi wieder na-lopen! To dat Bad west ji morgen noch fröh noog kamen. Du harrst nich half so snell hasten möten, du west doch noch rechttiedig ankamen.«

Een brook sik en Been, en anneren en Arm nun de drüdde sloog sik en Lock in sien Kopp, so dat keeneen ahn Schaden dorvun keem.

As Ulenspegel sien Undöög daan harr, bleev he nich mehr lang in Nürnbarg un trock wieder. He wull nich slaan warrn, wenn sien Spijöök künnig wörr, denn de Lüüd vun Nürnbarg worrn dat nich als Spaaß verstahn.

33. Historie

Ulenspegel eet in Bambarg för Geld

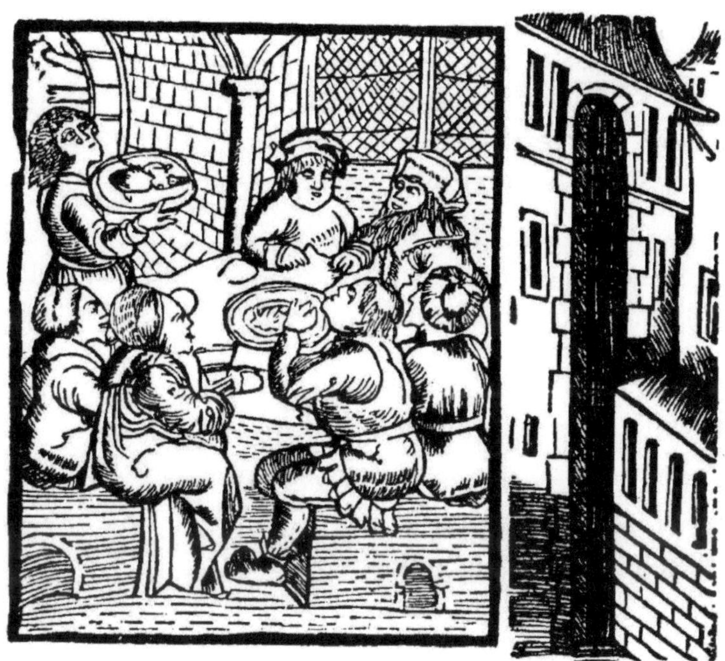

As Ulenspegel ut Nürnbarg keem, verdente he inst in Bambarg listig Geld. He weer bannig hungerig un keem to dat Huus vun ene Weertsfru, de heet Fru Künigine. Se weer ene vergnöögte Krögersche un heet em willkamen, denn se seeg an siene Kledaasch, dat he en sünnerbore Keerl weer.

As man fröh an Morgen eten wull, fraag em de Weertsfru, woans he dat hebben wull: wull he en vullstänniget Fröhstück or man blots Klenigkeiten eten. Ulenspegel anterte, dat

he en arme Gesell is un beed se, em wat för ümsünst to ge-
ven. De Krögersche aver see:

»Mien Fründ, bi de Slachters un in de Bäckeree gifft man
mi nix ümsünst, ik mutt dorför betahlen. Also mutt ik för dat
Eten hier ok Geld verlangen.«

Ulenspegel see:

»Ach Fru, mi gefallt dat ok, üm Geld to eten. Üm wat or
woveel schall ik hier eten un drinken?«

»An de Disch vun de Herren üm 24 Penns, an de Disch
bito üm 18 Penns un tosamen mit mien Gesinn üm 12 Penns«,
sprook de Fru.

Ulenspegel wählte ut:

»Fru, dat Düerste is för mi dat Beste,«

sett sik an de Herrendisch un un eet sik foorts satt. As he nu
vull weer un goot eten un drunken harr, beet he de Weertsfru
em to bedenen, denn he müsst wannern, he harr nich veel
Reisgeld.

»Leeve Gast«, see de Fru, »geevt mi de 24 Penns för dat
Eten un gaht wohen ji wüllt, Gott gah mit ju!«

»Nee«, see Ulenspegel, »ji mööt mi 24 Penns geven, so as
se mi dat seggt harrn. An de Tafel eet man de Mahltiet üm 24
Penns. Dat heff ik so verstahn, dat ik dormit Geld verdenen
schull un dat worr mi swor noog. Ik eet, dat mi de Sweet ut-
brook un as wenn dat üm Lief un Leven gahn weer, mehr
harr ik nich eten kunnt. Dorüm geevt mi mien suer verdente
Lohn.«

»Fründ«, see de Krögersche, »dat is wohr. Ji hebbt woll för
dree Mannslüüd eten. Aver dat ik ju dorför ok noch betahlen

schall, dat riemt sik nich tosamen. Doch is dat mi nich üm de Mahltiet to doon, ji mücht dormit weggahn. Ik geev ju aver nich noch Geld dorto, denn dat west verloren. Ik will ok keen Geld vun ju, man kaamt mi blots nich wedder her! Schullt ik miene Gäst över dat Johr so spiesen un nich mehr Geld innehmen as vun ju, sü müsst ik op disse Oort un Wies bald Huus un Hoff verlaten.«

Ulenspegel wannerte foort, un he verdente nich veel Dank.

34. Historie

Ulenspegel reiste na Rom un besökte de Paapst, de em för en Ketter heel

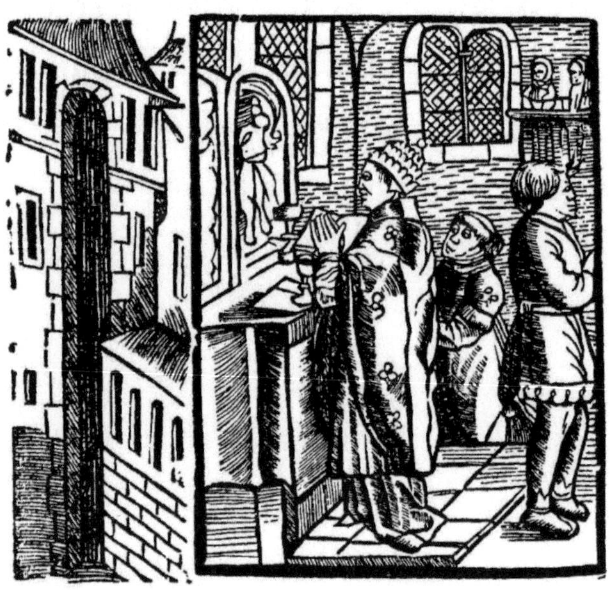

U lenspegel weer mit griese Undöög segent. As he nu all siene Spijööken versöcht harr, dacht he an dat ole Sprickwoort:

»Gah na Rom, frame Mann,

kumm torüch as unnütt Sleef!«

Also toog he na Rom. Ok dor bedreef he sien Schavernack un nehm Ünnerkamen bi ene Weetfru. Se seeg, dat Ulenspegel en schöne Mannsminsch weer un fraag em, woher he keem. He see, dat he ut de Oosten vun dat Land Sassen weer. Na Rom is he kamen, wiel he mit de Paapst spreken wullt.

»Fründ,« sprook de Fru, »de Paapst köönt ji woll sehn, man mit em reden, dat weet ik nich. Ik bün hier boren un opwassen un stamm vun de böverste Familien, aver ik kunn mien Leevdag nich mit em reden, wie wüllt ji dat in so ene korte Tiet toweeg bringen? Ik worr woll hunnert Dukaten dorför geven, wenn ik mit em spreken kunnt!«

Ulenspegel anterte:

»Leve Weertsfru, wenn ik de Mööglichkeit finn, ju vör de Paapst to bringen un ji köönt mit em snacken, wüllt ji mi de hunnert Dukaten geven?«

De Fru harr dat ielig, un versprook bi ehre Ehr, de hunnert Dukaten to betahlen, wenn he dat tostann bröcht. Man se weer de Menen , dat he dat unmööglich doon kann, dat weren to vele Möh un Arbeit.

»Leve Weertsfru,« see Ulenspegel, »wenn ik dat henkrieg, will ik aver redig de hunnert Dukaten hebben!«

Se stimmte to, man se dacht:

»Du büst noch nich vör de Paapst!«

Ulenspegel tövte, denn all veer Weken müss de Paapst ene Mess lesen in de Kapell »Jerusalem to Sankt Johannis Lateran«. As nu de Paapst de Mess lees, drammte sik Ulenspegel in de Kapell un so dicht an de Paapst ran as mööglich. As he de Stillmess lees, also de Mess, wo he bloots sluustern kunn, dreihte Ulenspegel sik üm un kehrte sien Rüch to dat Sakrament. Dat segen de Kardinäle. Un as de Paapst de Segen över de Kelk sprook, dreihte sik Ulenspegel nochmaal üm. As nu de Mess to Enn weer, vertellten se de Paapst, dat bi de Mess en schöne Keerl weer, de bi de Stillmess sien Rüch gegen de Altor kehrt harr.

»Dat is nödig«, see de Paapst, »dat man dat ünnersöcht, denn dat geiht de Hillige Kark an. Wenn man de Ungloov nich bestraft, so is dat Unrecht gegen Gott. Un hett disse Minsch so wat daan, is to vermoden, dat he in Ungloov levt un keen gode Christ is!« Un he befohl, dat man de Mannsminsch to em bringen schullt.

De Baden kemen to UJlenspegel un seen, he müss mit se to de Paapst kamen, un Ulenspegel güng foorts mit jem. De Paapst fraag em, wat för en Mann he is un Ulenspegel geev de Antwoort, he weer en gode Christenminsch.

»Wat hest du för en Gloven?« fraag de Paapst, un Ulenspegel see, dat he densülven Gloven harr, as siene Weertsfru un he nömte ehr Naam, de woll bekannt weer. De Paapst anornerte, dat man ok de Fru to em bringen schull un he fraag de Weertsfru, welk Gloven se harr. Un de Fru sprook:

»Ik heff de Christengloov un wat mi de hillige christliche Kark befehlt un verbüddt, un ik heff kenen anneren Gloven!«

Ulenspegel stunn dorbi un fung an, sienen Mund achtersinnig to'n lachen to vertrecken un see:

»Allergnädigste Vader, du Knecht vun all de Knechten, densülven Gloven heff ik ok, ik bün en gode Christenminsch.«

Un de Paapst fraag:

»Worüm dreihst du bi de Stillmess dien Rüch to de Altor?«

»Allerhilligste Vader«, sprook Ulenspegel, »ik bün en arme grote Sünner un beschullige mi mit miene Sünnen, dat ik dorför nich wöördig bün, bet ik miene Sünnen bichtet heff!«

Dormit weer de Papst tofreden, verleet Ulenspegel un güng in sienen Palast. Un Ulenspegel güng in siene Harbarg un verlangte vun siene Weertsfru de hunnert Dukaten; de müss se em geven.

Un Ulenspegel bleev Ulenspegel, so as he vörher weer, un worr dörch de Fohrt na Rom nich veel betert!

35. Historie

Ulenspegel bedroog de Juden in Maimaand in Frankfort üm dusend Gulden; he verköff sien Schiet as Prophetenberen

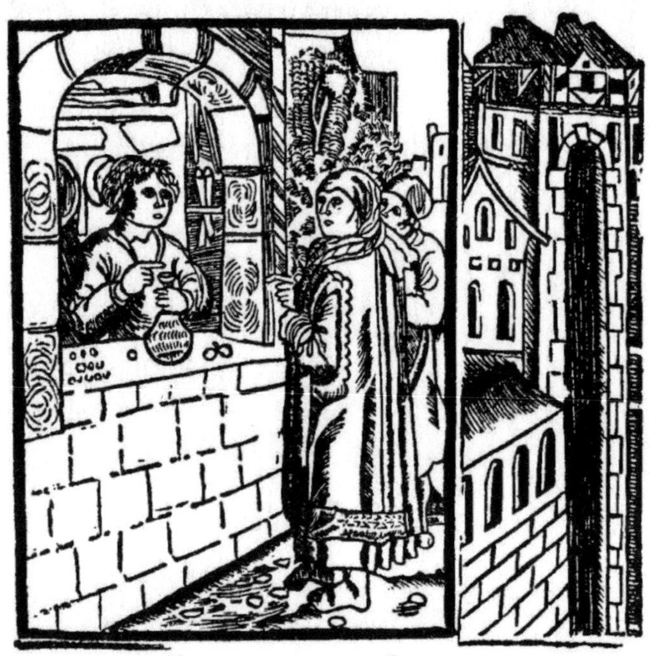

Keeneen schall bedröövt sien, wenn en listige Juud een Oog toholen warrt, dormit he enen Bedrug nich bemarkt.

As Ulenspegel vun Rom keem, reiste he na Frankfort an de Main. Dor weer graad de Hannelsmess. Ulenspegel güng hen un her un seeg, wat för ne Koopmannswoor jedereen anbood. Do full em en unge, starke Mannsminsch in gode Kledaasch op, de harr en lütte Marktstand mit Bisam ut Alexandria as

Arznei un Rüükwater, de he höllsch düer anbood. Do dacht Ulenspegel:

»Ik bün ok en fulet, starket Sluusohr, de nich geern arbeidt. Kunnt ik mi ok so licht nehren as de dor, worr mi dat woll behagen.«

In de Nacht leeg he waak un dacht doröver na, woans he Nähren herkregen kunnt. Do beet em en Floh in sien Achtersteven. As he na em greep, funn he en poor Kötels in sien Moors. He dacht, dat dat woll de lütten Dinger sünd, de »Lexulvander« nömt warrn, vun de de Bisam mit de scharpe Ruuch herkummt.

As he morgens opstahn weer, köff he griese un rode Stoffen un bunn de Kötels dorin. He besorgte sik en lütte Marktstand, köff noch en poor Krüder dorto un stellte sik mit sien Kraam vör de Römer. Vele Lüüd kemen to em un segen siene abasige Woren an un fragen, wat he sünnerboret anbedt, denn dat weer ene dulle Koopmannswoor: se weer as Bisam in Packens bunnen, rook aver bannig sünnerlich. Man Ulenspegel geev keeneen richtig Bescheed över siene Woor, bet dree rieke Juden kemen un na siene Woor fragen. De kregen de Antwoort, dat weren echte Prophetenberen, un wer ene dorvun in sien Mund nehm un achterran in de Nees stickt, de kunnt vun Stünn an wohrseggen. Do gungen de Juden bisiet un ratslogen ene Wiel ünner sik. Toletzt sprook de ole Jude:

»Dormit kunnt wi woll wiesseggen, wannehr uns Messias kümmt, wat för uns Juden en nich ganz lütte Troost weer!«

Un se besloten, all Woren to köpen, woveel se ok dorför betahlen müssen. Dorop gungen se wedder to Ulenspegel un seen:

»Koopmann, wat schall, mit een Woort seggt, ene Prophetenbeer kösten?«

Ulenspegel överleed ene korte Tiet: Förwiss, wenn ik Woren heff, beschert mi uns Herrgott ok Köpers, de Juden dent disse Kost woll un he sprook:

»Ik geev ene för hunnert Gulden. Wenn ji de nich geven wullt, ji Köters, so gaht nur weg un laat mi mit de Dreck stahn!«

Üm Ulenspegel nich to vertörnen un siene Woor to kriegen, betahlten se em foorts dat Geld un nehmen ene vun de Beren. Swind gungen se dormit na Huus un leten all Juden, ole un junge, tosammentrummeln. As se tohoop weren, stunn de steenole Rabbi Alpha op un vertellte, dat se dörch Gottes Will ene Prophetenbeer kregen harrn. De schullt een vun se in de Mund nehmen un denn de Ankummst vun de Messias verkünnen, dormit se Heel un Troost kriegen. Se all schullen sik dorop rüsten mit Fasten un Beten. Un na dree Daag schull Isaak de Beer mit grote Respekt fierlich innehmen. Un so is dat schehn.

As he de Beer in sien Mund harr, fraag em Moses:

»Leve Isaak, woans smeckt dat denn?«

»Gottes Dener! Wi sünd vun de Geck bedrogen worrn, de Kötel is nix anneret as Minschenschiet!«

Do roken un smeckten se all an de Prophetenbeer, bet se dat Holt wies warrn, op dat de Beer wussen weer!

Man Ulenspegel weer henweg un slömte düchtig, so lang dat Geld vun de Juden reckte.

36. Historie

*Ulenspegel köff in Quedlinborg Höhner un geev de Buersfru
ehr egen Hahn as Pand*

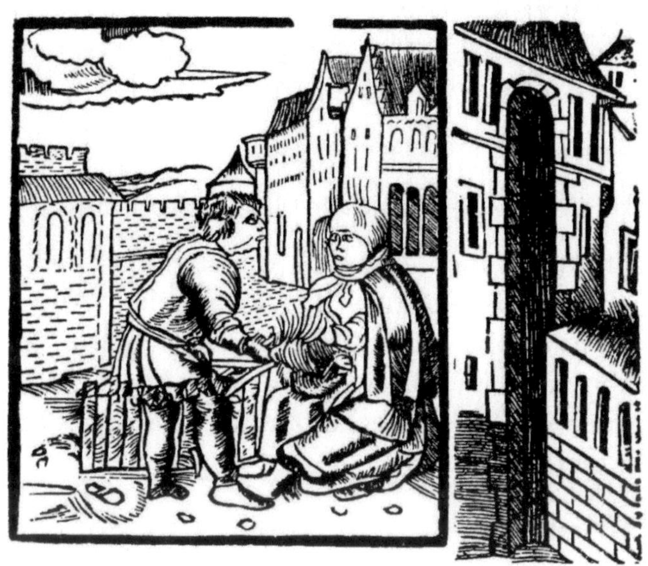

F röher weren de Lüüd nich so slau as hüüt, sünnerlich de
Landlüüd. Eens keem Ulenspegel na Quedlinborg, dor
weer graad Wekenmarkt. Ulenspegel harr nich veel Geld un
ok nix to Eten, denn so as he dat Geld wunn, so snell weer
dat ok wedder utgeven, un he överleed, woher he woll Noh-
ren kriegen kunnt. Nu seet op de Markt ene Buersfru, de
bood en Korf vull gode Höhner un een Hahn an. Ulenspegel
fraag, wat en poor Höhner kösten schullt un kreeg de Ant-
woort:

»Dat Poor twee Stephansgroschen.«

Ulenspegel fraag:

»Wullt ju se nich billiger verköpen?«

Man de Fru wull nich un see: »Nee!« Do nehm Ulenspegel de Korf mit de Höhner un gung na dat Borgdoor to. De Fru leep em na un fraag:

»Köper, woans schall ik dat verstahn? Wullt du mi de Höhner nich betahlen?«

Ulenspegel see:

»Jo geern, ik bün de Schriever vun de Äbtissin.«

»Dorna fraag ik nich,« sprook de Buersfru, »wullt du de Höhner hebben, so betahl se! Ik will mit dien Abt or mit de Äbtissin nix to doon hebben. Mien Vadder hett mi lehrt, vun de nix to köpen un an se nix verköpen or borgen, vör de man sik bücken or de Kapp trecken mutt. Dorüm betahl mi de Höhner, hörst du woll?!«

Ulenspegel anterte:

»Fru, du büst kleenfraam! Dat weer nich goot, wenn all Kooplüüd so weren. Sünst müssen all de goden Kameraden övel kledet gahn. Aver dormit du seker büst, so nimm de Hahn as Pand, bet ik di de Korf un dat Geld torüch bring.«

De gode Fru weer de Menen, se is goot versorgt un nehm ehr egen Hahn as Pand. Man se worr bedregen. Denn Ulenspegel keem nich mit de Korf un dat Geld torüch. So weer ehr dat schehn as annere Vörsichtige, de allens nipp un nau maken wüllen - de beschieten sik as allereerste sülvst.

So scheedt Ulenspegel vun den Oort un leet de vertürnte Buersfru över de Hahn schimpen, de se üm ehre Höhner brocht harr.

37. Historie

De Paster vun Hoheneggelsen freet Ulenspegel ene Wust weg, de he aver nich verdregen kunn

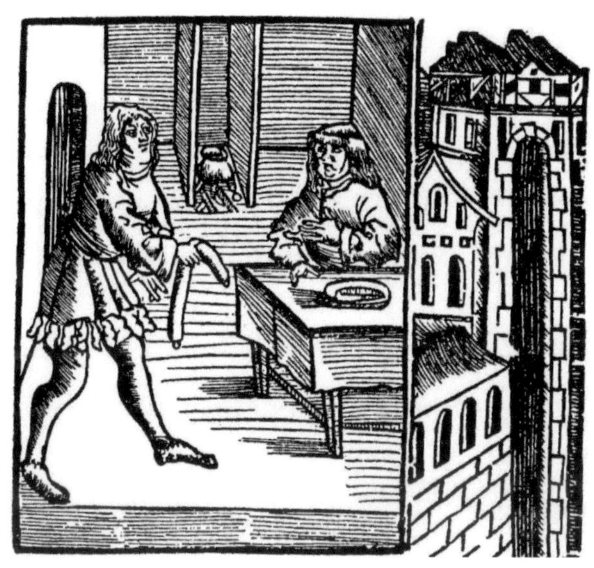

In Hilmessen köff sik Ulenspegel ene gode rode Wust vun en Fleeschstand un gung wieder na Hoheneggelsen. Do weer he mit de Preester goot bekannt un dat weer an en Sünndagmorgen, as he dor ankeem. De Preester heel de Fröhmess, dormit he op Tiet eten kunn. Ulenspegel gung in dat Parrhuus un beed de Kööksch, dat se em de Wust braden schull. De Fru see jo un Ulenspegel gung in de Kark. De Fröhmess weer to Enn un en annere Preester fung mit de Hoge Mess an, de sik Ulenspegel bet to'n Sluss anhörte. Intwüschen weer de Paster na Huus gahn un see to siene Huushöllersch:

"

»Is noch nix goor kakt, dat ik en Beet eten kunn?«

Un de Kööksch anterte:

»Hier is noch nix kakt, afsehn vun ene rode Wust, de Ulen-
spegel bröcht harr; de is goor. De wull he eten, wenn he ut de
Kark keem.«

De Paster födderte:

»Lang mi de Wust her, ik will en Beet dorvun eten!«

Un de Kööksch geev em de Wust, de em so goot smeckte,
dat he se ganz opeet un to sik sülvst sprook:

»Segent mi dat Gott, dat hett mi woll smeckt! Disse Wust
weer goot!«

un he see to de Kööksch:

»Giff Ulenspegel Speck un Kohl to eten, as he dat wennt is!
Dat is för em beter verdreeglich.«

As de Hoge Mess to Enn weer, gung Ulenspegel torüch in
dat Parrhuus un wull vun siene Wust eten. De Paster heet
em willkamen, dankte em för de Wust un vertellte, dat em de
Wust so goot smeckt harr. He sett em Kohl un Speck vör.
Ulenspegel sweeg still, eet dat , wat för em kakt warr un ver-
leet an Maandag dat Parrhuus. De Preester reep em na:

»Hör! Wenn du wedder hierher kummst, bring twee Wüst
mit, ene för mi un ene för di. Wat du dorför betahlst, will ik
di weddergeven. Un denn wüllt wi so richtig slömen, dat
uns de Müler vör Fett siepern.«

»Herr Paster«, see Ulenspegel, »so schall dat schehn, ik
will an ju denken mit de Wüst« un gung wedder na Hilmes-
sen.

Graad na sien Will scheh dat, dat de Afdeckers ene dode Söög na de Affallkuhl föhren. Do beed Ulenspegel de Schinner, he schull gegen Betahlen twee rode Wüst maken un geev em dorför en poor sülvern Penningen. De Schinner dee dat un maakte em twee schöne Wüst. De nehm Ulenspegel un kakte se half goor, as man dat so mit Wüst deit. An de tokamen Sünndag gung he wedder na Hoheneggelsen un dat droop sik so, dat de Paster wedder de Fröhmess heel. He gung in't Parrhuus, bröch de Kööksch de Wüst un beed se, de för de Anbiet to braden. De Preester schull de ene un he de annere hebben, un he gung in de Kark. Also sett de Fru de Wüst op dat Füer un bradet se.

As de Mess to Enn weer, seeg de Preester Ulenspegel un gung foorts in't Parrhuus.

»Ulenspegel is hier«, see he, »hett he ok de Wüst mitbröcht?«

Un de Kööksch anterte:

»Jo, twee schöne Wüst, as ik se kuum sehn heff! Un bald sünd all beide dörbraden.«

As se ene Wust vun't Füer nehm, kreeg se ok Aptiet, jüst so as de Paster. Se setten sik tosammen nedder un wieldat se gierig de Wüst eten, fungen ehre Müler vör Fett an to schümen. Do seeg un hörte en annere Mannsminsch, dat de Paster to de Kööksch see:

»Ach leve Fru, wat schümt di de Mund.«

Un de Kööksch anterte:;

»Ach, leve Herr, dien Mund schümt akkerat so.«

Nu keem Ulenspegel vun de Kark in't Parrhuus. Do sprook em de Paster an:

»Süh, wat du för Wüst bröcht hest! Kiek an, wat mi un miene Huushöllersch de Münner siepern.«

Ulenspegel aver lachte:

»Gott segent se, Herr Paster. Jem scheht dat na se ehr Begehren. As se mi narepen, ik schull twee Wüst mitbringen un dorvun wullen se eten, bet se de Mund schümt. Aver dat Schümen kann ik nich lieden, wenn achterna dat Speen kümmt. Ik bün seker, dat warrt bald kamen. Wovun de twee Wüst maakt sünd, dat weer ene dode, vergammelte Söög, dorüm müss ik dat Fleesch vun de Aas rein afsepen. Dorvun kümmt de Schuum bi ju!«

De Huushöllersch weer vergrellt un spee dwars över de Disch so as de Paster ok. De reep:

»Gah snell rut ut mien Huus, du Sleef un Bube«, greep sik en Knüppel un wull dormit smieten un slaan. Ulenspegel aver sprook:

»Dat steiht en frame Mann woll nich an! Se harrn mi opföddert, de Wüst mittobringen, hebbt se beide opeten un nu wüllt se mi slaan. Betahl mi doch eerst de twee Wüst, ik swieg vun de drüdde.«

De Preester weer fuchtig un schanfuterte bannig un sprook, dat Ulenspegel fule Wüst, de he ut de Affallkuhl halt hett, sülvst eten un se nich in sien Huus bringen schall. Ulenspegel see:

»Ik heff ju doch ahn Will nich dwungen, se to eten. Ik harr disse Wüst ok nich eten mögen. Aver de eerste Wust, de harr ik woll mocht, de harr ju ahn mien Verlööf opeten. Wiel ju nu de gode un de eerste Wust eten hebbt, so eet nu de gammeligen Wüst achterran,«

Sien letzt Woort weer:

»Ade, gode Nacht!«

38. Historie

Ulenspegel snackte de Preester vun Kissenbrüch mit ene falsche Bicht sien Peerd af

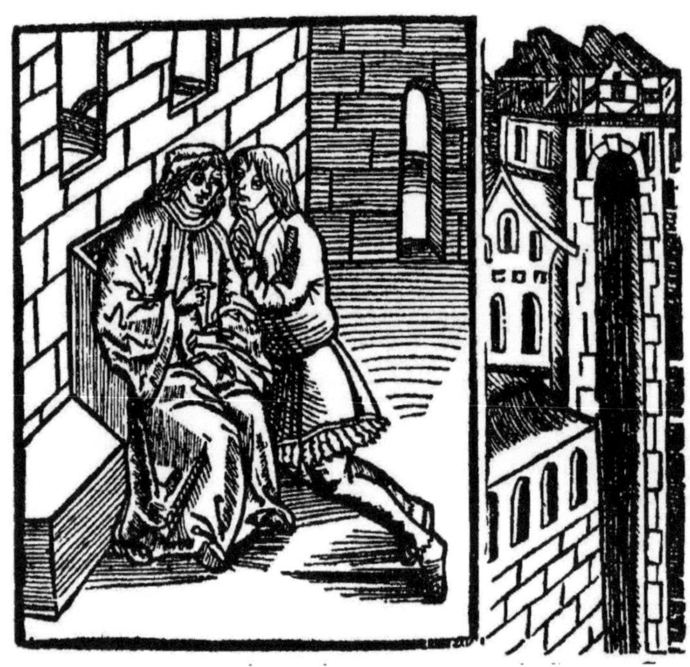

En böse Schavernack dreev Ulenspegel in dat Dörp Kissenbrüch in de Gerichtsbezirk vun Asseborg. Dor wahnte en Preester, de ene wunnerschöne Huushöllersch un ok en lüttet, smucket un hööglichet Peerd harr. De harr de Preester all beide leef, dat Peerd un ok de Fru.

To de Tiet weer de Hartog vun Brunswiek in Kissenbrüch un harr de Preester dörch annere Lüüd bidden laten, em dat Peerd to överlaten, he wull em dorför geven, dat he tofreden weer. De Preester aver lehnte dat de Hartog alltiet af, he wull dat Peerd nich afgeven. De Hartog dörv em dat Peerd ok nich wegnehmen laten, denn dat Gericht ünnerstunn de Raat vun Brunswiek un de Fürst kunn nich sülvstherrlich hanneln.

Ulenspegel harr disse Dinger hört un verstahn un sprook to de Hartog:

»Gnädige Herr, wat wüllt ji mi schenken, wenn ik se dat Peerd vun de Preester vun Kissenbrüch herbring?«

»Kannst du dat doon«, see de Fürst, »will ik di mien Rock geven, de ik hier anheff.« Un dat weer en rode mit Parlen bestickte Mantel ut Kamelhoor. Ulenspegel nehm dat an un reed vun Wulfenbüddel in dat Dörp to de Preester un nehm dor Harbarg. He weer in dat Parrhuus woll in de Künn, denn he weer fröher männichmal bi em west un alltiet willkamen.

As he al dree Daag dor weer, dee he so, as wenn he krank is, stöhnte luut un leed sik nedder. De Preester un siene Hushöllersch dee dat leed, denn se wüssen kenen Raat, wat se maken schullen. Toletzt weer Ulenspegel so elennig, dat de Paster em ansprook un beed, he schull bichten un dat Avendmahl nehmen. Ulenspegel weer dormit dörchut inverstahn. De Paster sülven wull em de Bicht afnehmen un em op't Scharpste befragen. He see, dat Ulenspegel an siene Seel denken schull, denn he harr Dag för Dag sien Leven lang vele Aventüern dreven. He müsst sik as goot wiesen, dormit Gott de Allmächtige em siene Sünnen vergeven kann.

Ulenspegel see ganz klöterig, he wüss nix mehr, wat he doon harr, uter ene Sünn, de he em aver nich bichten dörv. He schull en anneren Paster halen, de wull he de Sünn bichten. Wenn he se aver em kunddeiht, hett he Bang, dat he füünsch warrt. As de Preester dat hörte, mente he, dat dorachter wat versteckt is un dat wull he ok geern weten. He see:

»Leve Ulenspegel, de Weg is wiet, ik kann de annere Preester nich so bald herkriegen. Wenn du intwüschen starvst, so harrn du un ok ik vör Gott de Herr de Schuld, wiel wi dat versümt harrn. Vertell mi dat nu! De Sünn warrt nich so slimm sien, ik will di dorvun losspreken. Wat hülpt dat ok, wenn ik vergrellt bün, ik dörv doch de Bicht nich apenkünnig maken.«

»So will ik denn woll bichten,« see Ulenspegel, » se is ok nich so swor, man mi deiht dat blots leed, wenn se böös warrn, denn dat geiht se jo ok an.«

Nu verlangte de Paster noch mehr dat to weten un sprook to em:

»Wenn du mi wat stahlen or wat ramponeert hest or wat dat ok is, muttst du mi dat bichten. Ik will di dat vergeven un di nienich dorför haten. Ulenspegel see:

»Ach, leve Herr, ik weet, dat ji füünsch warrt. Man ik föhl un ik bün bang, dat ik bald starven mutt. Ik will se dat seggen, Gott giff, of se füünsch or böös warrt! Leve Herr, dat is so, ik heff bi juch Kööksch slapen.«

De Paster fraag:

»Woveel mal is dat schehn?« un Ulenspegel see: »Man bloots fief mal.«

De Paster dacht, dorför schall se fief Slääg kriegen. He vergeev Ulenspegel un gung stantepee in de Kamer, reep siene Kööksch un fraag, of se bi Ulenspegel slapen harr. As de Kööksch »Nee, dat is lagen« see, mente he, de harr em dat

aver bichtet un he glövte em ok. De Huushöllersch see:
»Nee!«, de Paster see: »Jo!« un he kreeg een Stock tofaten un
sloog se bruun un blau.

Ulenspegel leeg in't Bett, lachte un dacht bi sik:

»Nu warrt dat Speel goot un en richtiget Enn nehmen,« un
he leeg de ganze Dag so rüm. In de Nacht worr he gesund,
stunn morgens op un sprook, dat geiht em beter un he müss
in en anneret Land. De Paster schullt bereken, wat he bi em
vertehrt harr. De reken mit em af, weer aver so dörchdreiht in
sien Kopp, dat he nich wüss, wat he dee. He bereken dat
Geld, nehm dat aver nich un weer tofreden, wenn Ulenspegel
un ok de Huushöllersch, de wegen em slaan worr , foortgün-
gen. Ulenspegel weer praat un wull gahn, see aver noch to de
Preester:

»Herr, denkt doran, dat se dat Bichtgeheemnis verletzt
hebbt. Ik will na Halberstadt to'n Bischop gahn un em dat
vun se vertellen.«

De Paster vergeet siene Raasch as he hörte, dat Ulenspegel
em in de Bredullje bringen wull un beed em in grote Eernst to
swiegen. Dat weer allens blots miteens ut Vergrelltheid
schehn; he wull em 20 Gulden geven, dat he em nich meldt.

»Nee,« see Ulenspegel, ik worr nich mal 100 Gulden neh-
men, üm dat to verswiegen. Ik will gahn un dat vörbringen,
as sik dat höört.«

De Preester kreeg dat Wenen un beed de Kööksch, se
schull Ulenspegel fragen, wet he vun em hebben wull, he
wörr em dat geven.Toletzt see Uenspegel, wenn he em dat
Peerd gifft, will he woll swiegen un dat nich mellen. He wull
ok nix anneret annehmen, as dat Peerd. De Paster harr dat

Peerd bannig geern un harr em lever sien ganzet Baargeld geven as sik vun dat Peerd to trennen. Aver he verleet dat ahn sien Willen, denn de Noot bröch em dorto.

He geev Ulenspegel dat Peerd un leet Ulenspegel dormit foortrieden. De reed mit dat Peerd vun de Preester na Wulfenbüddel. As he an de Stadtwall ankeem, stunn de Hartog op de Togbrüch un see Ulenspegel mit dat Peerd andraven. Glieks toog he de Rock ut, de he Ulenspegel versproken harr, gung to em hen un sprook:

»Seh her, mien leve Ulenspegel, hier is de Rock, de ik di versproken harr.«

Ulenspegel steeg vun dat Peerd un see:

»Gnädige Herr, hier is juuch Peerd.«

He harr sik vun de Hatog en groten Dank verdent un müss em vertellen, woans he dat Peerd vun de Paster kregen harr. Doröver lachte de Fürst, weer vergnöögt un geev Ulenspegel noch en anneret Peerd to de Rock. De Paster aver troerte üm dat Peerd un sloog siene Huushöllersch noch oft un böös, so dat sie em wegleep. So weer he se beide los.

39. Historie

Ulenspegel verdüng sik bi en Smitt un droog em de Püüsters in de Hoff

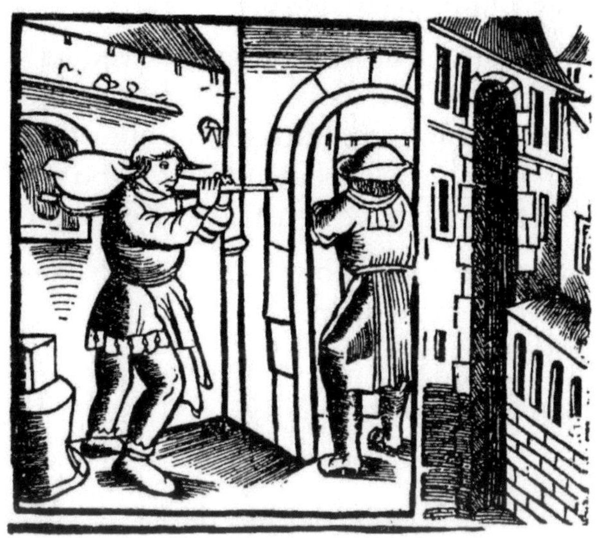

Ulenspegel keem na Rostock in't Land Mekelnborg un verdüng sik dor as en Smeedgesell. De Smitt harr en Snack, wenn de Gesell dannig de Püüster pedden schull:

»Haho, folg mit de Püüsters!«

Also stunn Ulenspegel mit de Fööt op de Püüsters un blies. Do befohl de Smitt:

»Haho, folg mit de Püüsters na!«

Un mit disse Wöör gung he rut op de Hoff to'n urinieren. Also nehm Ulenspiegel de ene Püüster op de Schuller, leep de Meester achterran un see:

"

»Meester, hier bring ik enen Püüster, wo schall ik em hin-doon? Ik willl gahn un de annere ok halen.«

De Meester seeg sik üm un see:

»Leve Knecht, so harr ik dat nich ment. Gah un legg de Püüster wedder dorhen, wo he vörher leed.«

Dat dee Ulenspegel un he droog em wedder torüch. De Smitt överleed, wo he em woll enen bipuulen kunnt un harr de Idee, fief Daag lang üm Middernacht optostahn, de Gesellen waak to maken un se arbeiden to laten. So weckte he de Gesellen un leet se smeden. Ulenspegels Kolleeg fraag:

»Wat ment uns Meester dormit, dat he uns so fröh weckt? Dat hett he sünst nienich daan.«

»Wenn du wullt, will ik em fragen,« sprook Ulenspegel un sien Arbeitskamerad see jo.

Also sprook Ulenspegel de Smitt an:

»Leve Meester, wo geiht dat an, dat se uns sö fröh waak makt. Dat is doch eerst Middernacht.«

De Meester anterte:

»Dat is miene Wies, dat an Anfang miene Gesellen acht Daag nich länger as ene halve Nacht op miene Bedden liggen schölen.«

Ulenspegel sweeg still un sien Kumpel dorv nich spreken.

In de tokamen Nacht weckte se de Meester wedder üm Middernacht, un Ulenspegels Mitgesell gung to'n arbeiden. Ulenspegel aver nehm dat Bett un bunn sik dat op sien Rüch. As dat Iesen heet weer, keem he swind vun de Böhn to de Ambolt un sloog mit to, dat de Funken in't Bett stoven.

»Nu kiek, wat deihst du dor? Büst du dull worrn? Kann dat Bett nich dor liggen blieven, wo dat henhört?« see de Smitt.

Ulenspegel anterte:

»Meester, wees mi nich böös, dat is miene Wies in de eerste Week, dat ik in de halve Nacht op dat Bett liggen will un in de annere halve Nacht schall dat Bett op mi liggen.«

De Smitt worr füünsch un födderte, dat he dat Bett wedder dorhen dregen schull, wo he dat hernahmen harr. Un in sien Arger see he:

»Un gah mi dor baven ut mien Huus, du verdreihte Racker!«

Ulenspegel se jo, gung op de Böhn un leed dat Bett wedder dorhen, wo he dat hernahmen harr. He nehm ene Ledder, steeg op de Först, brook dat Dack baven op un gung op de Dacklatten. He toog de Ledder to sik, sett se vun't Dack op de Straat, steeg dal un verswunn.

De Smitt hörte dat Pultern, gung mit de annere Gesell op de Böhn un see, dat Ulenspegel dat Dack opbroken harr un dörch dat Lock utstegen weer. De Smitt worr noch füünscher, söcht enen Speet un leep Ulenspegel achterna. Man de Gesell heel de Meester torüch un sprook to em:

»Nich Meester, laat ju seggen he hett doch nix anneret daan, as se em befahlen harrn - he schull dor baven ut das Huus gahn! Dat hett he daan, as se dat sehn köönt.«

De Smitt leet sik belehren, denn wat schull he anneret doon? Ulenspegel weer foort, de Meester müss dat Dack

wedder instand setten un dormit tofreden sien. De Gesell
aver see:

»Mit so en Kumpan is nich veel to winnen. Wer Ulenspe-
gel nich kennt, de lehrt em kennen , wenn he mit em to doon
hett.«

40. Historie

Ulenspegel smeed en Smitt Hamers, Tangen un anneret Warktüüch tosamen

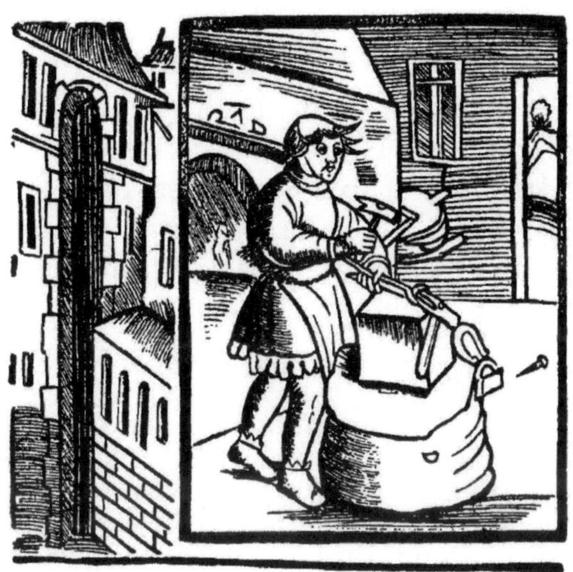

As Ulenspegel vun de Smitt keem, gung et op de Winter-
tiet to; de Winter weer koolt, dat froor hart un dorto
keem ene düreTiet un vele Deenstlüüd harrn kene Arbeit. Ok
Ulenspegel harr keen Geld to vertehren. He wannerte fürder,
bet he in en Dörp keem, in dat ok en Smitt wahnte. De nehm
em as Smeedgesell op. Ulenspegel harr woll kene Lust, dor
als Smeedgesell to blieven, man de Hunger un de Noot vun
de Winter dwungen em dorto un he dacht:

»Holl ut, wat du utholen kannst bet to'n Fröhjohr un do,
wat de Smitt will.«

De Meester wull em aver wegen de düre Tiet eerst nich opnehmen. Do beed Ulenspegel de Smitt, dat he em Arbeit geev. He wull allens doon, wat de Smitt see un eten, wat he kreeg un wat sünst nüms eten wull. De Smitt weer en giezige Keerl un dacht:

»Nimm em op un versöök dat mit em acht Daag lang, in disse Tiet kann he mi nich arm eten.«

Morgens fungen se an to smeden. De Smitt dreev Ulenspegel gewaltig an mit de Hamers un de Püüsters to arbeiden, bet dat Middag un Tiet to'n Eten weer. In de Hoff harr de Smitt een Schiethuus. As se nu to'n Eten gungen, nehm de Meester Ulenspegel, föhrte em to de Aftritt un se to em:

»Seh her, du hest seggt du wullt dat eten, wat ik di geev, dormit ik di Arbeit geev. Dat hier will keeneen eten, dat is allens för di!«

He leet Ulenspegel bi dat Schiethuus stahn un gung to'n Eten in't Huus. Ulenspegel sweeg still un dacht:

»Du hest di verrannt, du hest so wat un noch veel Böseret ok annere Lüüd andoon. Du muttst di doran meten laten. Di puul ik nochmal enen bi! Dat mutt torüchbetahlt warrn, un wenn de Winter noch so hart is!«

Ulenspegel rackerte sik alleen bet to'n Avend af. De Smitt geev em en beten to eten, denn he harr över Dag fastet un dat argerte em, dat de Smitt em to dat Schiethuus bröcht harr. As Ulenspegel to Bett gahn wull, see de Meester:

»Stah morgen fröh op, de Deern schall de Püüster pedden, smed allens wat du hest un hau Hoofnagels af, bet ik opstah.«

Ulenspegel gung slapen un as he opstunn, dacht he, he

wull em nu dat torüchbetahlen, un schull he bet an de Kneen in Snee lopen! He stickte en dullet Füer an, nehm de Tang un smed se mit de Sandlepel toosamen. Akkerat so as twee Hamers mit de Füerspeet un de Speerhaken. Denn nehm he de Pott mit de Hoffnagels, schüddete se ut, haute de Köpp af un leed de Köpp un de Peken tosamen. As he hörte, dat de Smitt opstunn, nehm he de Schört af un gung weg.

De Smitt keem in de Warksteed un seeg, dat de Hoffnagel de Köpp afslaan un siene Hamers, Tangen un anneret Warktüüch tosamen smedet weren. Do warr he vergrellt un reep siene Huushöllersch, wo denn woll de Gesell hengahn is. De Magd see, dat he vör de Döör gahn is. De Smitt flökte:

»He is gahn as en gemene Schalk. Wüsst ik, wo he weer, ik würr em narieden un em en ornliche Slag in't Gnick geven!«

»As he weg gung,« see de Magd, »schreev he wat över de Döör, dat is en Antlaast un süht ut as en Uul.«

Denn Ulenspegel harr sik dat anwennt, wo he en Schavernack daaan harr un man em nicht kannte, do nehm he Kried or Kahl, malte över de Döör en Uul un en Spegel un schreev doröver op Latiensch:

» Hic fuit «.

Un dat malte he ok op de Döör vun de Smeed.

As de Smitt morgens ut dat Huus gung, seeg he dat so, as de Magd em dat vertellt harr, man he kunn de Schrift nich lesen. Do gung he to de Karkherr un beed em mittokamen un de Schrift üver siene Döör to lesen. De Karkherr dee dat, seeg dee Schrift un de Maleree un sprook to de Smitt:

»Dat heet soveel as: „Hier is Ulenspegel wesen".

De Karkherr harr al veel vun Ulenspegel hört, wat de för en Gesell weer, un schüll de Smitt, dat he em dat nich seggt harr, denn he harr Ulenspegel ok geern sehn. Do worr de Smitt böös op de Karkherr un see:

»Wo kann ik di Bescheed geven vun wat, wat ik sülvst nich weet! Man nu weet ik, dat he in mien Huus west is, dat süht een an mien Warktüüch . Ik will ok nich, dat he weedderkümmt.«

He nehm en Quast un wischte allens vun siene Döör ut un see:

»Ik will keen Wapen vun en narrsche Schelm an miene Döör hebben!«

Do gung de Karkherr weg un leet de Smitt stahn. Ulenspegel aver weer foort un keem nienich wedder.

41 Historie

Ulenspegel vertellte en Smitt un siene Lüüd de Wohrheit

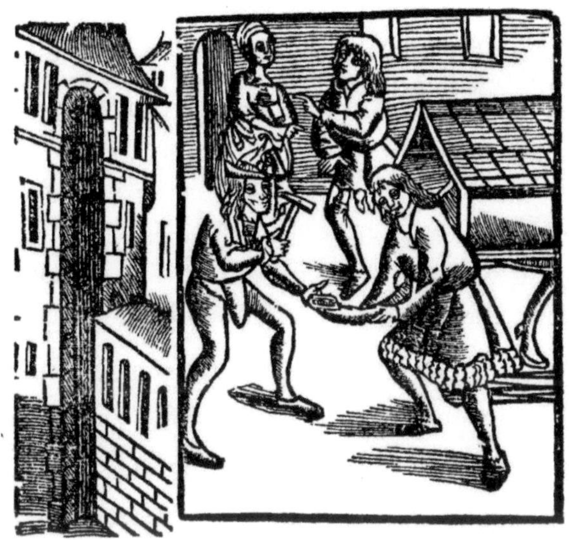

As Ulenspegel vun de Smitt weg weer, keem he an en hillige Fierdag na Wismar. Do seeg he vör ene Smeed 'ne smucke Fru mit ehre Magd stahn, dat weer de Fru vun de Smitt. He kehrte in de Harbarg gegenöver in. In de Nacht reet he vun sien Peerd all veer Hoofiesens af un gung an de tokamen Dag to de Smeed, wo he bekannt weer. As he vör de Smeed ankeem un de Lüüd sehn kunnen, dat he redig Ulenspegel weer, kemen de Fru un de Magd op de PLatz vör dat Huus, dormit se sien Drieven hören un sehn kunnen.

Ulenspegel fraag de Smitt, of he sien Peerd beslagen wull. De Smitt see: »Jo« un dat weer em leef, dat he mit Ulenspegel reden kunn. Na vele Wöör see de Smitt, wenn he em en wohret Woort, dat ok redig angahn kann, seggt, wull he sien Peerd en Hoofiesen geven. Ulenspegel weer inverstahn un see:

>Wenn ji hebbt Iesen un Kahlen

un künnt Wind in de Püüster halen,

so köönt ji woll smeden.«

De Smitt see:

»Dat is redig wohr!« un geev em en Hoofiesen. De Knecht sloog dat Peerd dat Iesen op un fraag Ulenspegel:

»Kannst du mi ok en wohret Woort seggen, wat mi angeiht, so will ik dien Peerd ok en Hoofiesen geven?«

Ulenspegel stimmte to un sprook:

»En Smeedknecht un sien Gesell,

de mööt deftig anfaten un fast stahn,

wenn se wüllt to Wark gahn.«

De Knecht see: »Dat is wohr!« un geev em ok en Hoofiesen. Dat segen de Fru un ehr Magd, kemen dorto un wullen ok mit Ulenspegel snacken. Se fragen, wat he beide ok wohre Wöör seggen kunnt, jede wörr em dorför en Hoofiesen geven. Ulenspegel willigte in un see:

»De Fru, de veel vör de Döör steiht

un bi de vel Wittet in't Oog to sehn is,

hatt se Tiet un Mööglichkeiten,

se weer keen Fisch bet op de Graden.«

De Fru see, dat dat redig wohr weer un geev em een Hoofiesen. Achterna see Ulenspegel to de Magd:

»Deern wenn du ittst,

hööd di vör Rindfleesch!

Denn bruukst du nich stökern mang de Tähnen

un denn deiht di dien Buukk ok nich weh!«

»Ei,« see de Magd, » bewohr uns Gott! Wat för en wohret Woort dat is!« Un se geev em ok een Hoofiesen. Also reed Ulenspegel foort un sien Peerd weer goot beslagen.

42. Historie

Dat is jo nu ene afsünnerliche Saak, dat dat gor kene 42. Historie gifft! In de Original-Utgaven vun 1515 un 1519 fehlt de ok al. De Wetenschop is de Menen, dat de Lüüd do falsch tellt harrn, un liekers warrt jümmers noch vun 96 Geschichten snackt. Also geiht dat nu wedder mit de ...

43. Historie

Ulenspegel dente en Schohmaker un fraag em, welk Passfor-
men he tosnieden schall. De Meester see: »Groot un lütt, as
de Swiensharder dörch dat Door rutdrifft.«. Also sneed he
Ossen, Köh, Kalver, Böck un anneret Veeh un verdorv dat
Ledder

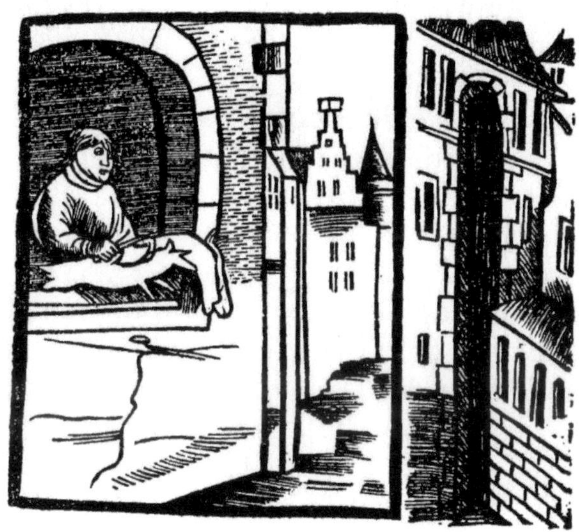

Inst dente Ulenspegel bi en Schohmaker, de aver veel lever
op de Markt slenkerte as to arbeiden, un leet Ulenspegel
Ledder utsnieden. Ulenspegel fraag, wat för ene Form he
wull, un de Schohmaker see:

»Snied to, groot un lütt, so as de Swiensharder dat Veeh ut
dat Dörp drifft.«

Ulenspegel weer inverstahn un de Schohmaker gung na de
Markt. Ulenspegel sneed vun dat Ledder Swien, Ossen, Kal-

ver, Schaap, Zegenbück un anneret Veeh. De Meester keem an Avend torüch un wull sehn, wat sien Gesell tosneden harr. He funn de ut dat Ledder rutsneden Deerten. He worr böös un see to Ulenspegel:

»Wat hest du maakt, worüm hest du mi dat Ledder unnütz tweimaakt?«

Ulenspegel anterte:

»Leve Meester, ik heff dat so maakt, as ju dat hebben wullt.«

»Dat lüggst du,« see de Schohmaker, »ik wull dat nich, dat du dat Ledder verdarven schullst! Dat harr ik di nienich seggt!«

Ulenspegel fraag:

»Meester, wat is de Oorsaak för joon Raasch? Ji harrn mi seggt, ik schull vun dat Ledder groot un lütt tosnieden, as de Swiensharder dat ut dat Door drifft. Dat heff ik daan, as ju sehn köönt.«

De Meester aver wull dat nich so:

»So harr ik dat nich ment, dat schullen grote un lütte Schöh sien. De schullst du neihen, een na de annere.«

Ulenspegel see:

»Harrn se mi dat glieks seggt, so har ik dat woll daan un do dat ok jümmers noch geern!«

Un de beiden verdregen sik. De Meesster vergeev em dat Tosnieden, denn Ulenspegel versprook em, he wüll dat in To- kunft so maken, as de Meester dat hebben wullt un em dat anornet. De Schuhmaker sneed Sahlenledder to, leed se vör Ulenspegel hen un see:

»Kiek her, neih de Lütten mit de Groten een dörch de annere!«

Ulenspegel stimmte to un fung an to neihen. De Meester tögerte noch mit dat Utgahn, wull Ulenspegel beluern un sehn, woans he dat maakt un ok, of he dat so deiht, as he em dat seggt harr. Ulenspegel nehm en lütte Schoh un en grote, steek de lütte in de grote un neihte se tosamen. As de Meester wedder slenkern gahn wull, see em dat nich to, wat Ulenspegel dee, denn he seeg, dat he een Schoh dörch de annere neihte, un sprook:

»Du büst mien rechte Gesell, du deist allens, wat ik di befehl.«

Un Ulenspegel anterte:

»Wer deit, wat man em seggt, warrt nich slaan, wat anners mööglich weer.«

»Jo, mien leve Knecht, dat is so. Miene Wöör aver weren nich miene Menen. Ik mente, du schullst toeerst en lüttet Poor Schöh maken un dorna en grotet Poor. Or de groten toeerst un de lütten achterna. Du hannelst na de Wöör un nich na de Menen.«

He worr füünsch, nehm dat tosneden Ledder un see to Ulenspegel:

»Wees vörsichtiger! Seh her, hier hest du en anneret Ledder, snied Schöh över en Leesten to!«

He dacht nich mehr doröver na, denn he müss utgahn. De Meester gung sien Gewarf na un bleev ümbi ene Stünn weg.

Do eerst dacht he doran, dat he sien Gesell den Opdrag geven harr, Schöh över dee Leesten to snieden. He leet all sien Warf stahn un leep in flegen Hast na Huus. Ulenspegel harr mittlerwiel dat Ledder över de lütte Leesten sneden. As de Meester keem, seeg he dat un see:

»Wat, hört de grote Schoh to de Lütte?«

Ulenspegel sprook:

»Jo, wenn ji dat ok noch hebben wüllt, will ik dat glieks achterna maken un snied de Gröttere blots noch na.«

»Beter kunnt ik en lütten Schoh ut en groten rutsnieden, as en gröttere ut de lütte. Du nimmst bloots een Lesten un de annere Leesten warrt nich brukt,« see de Meester.

Un Ulenspegel anterte:

»Wiss nich, Meester, ji harrn mi seggt, ikl schull de Schöh över **enen** Leesten tosnieden!«

Dorop de Schohmaker:

»Ik befehl di woll so lang wat, bet ik mit di to den Galgen lopen mutt! Un du muttst mi dat Ledder betahlen, wat du verdorven hest. Wo schall ik anneret Ledder hernehmen?«

Ulenspegel aver see:

»De Garver kann woll noch mehr Ledder maken,«

stunn op, gung to de Döör, dreihte sik op de Drempel nochmal üm un sprook:

»Wenn ik in disset Huus nich wedderkaam, so bün ik doch hier wesen«

un gung foort.

44. Historie

Ulenspegel begoot en Buern de Supp mit stinkende Fisch-
traan staats Smolt un mente, dat weer för de Buer goot noog

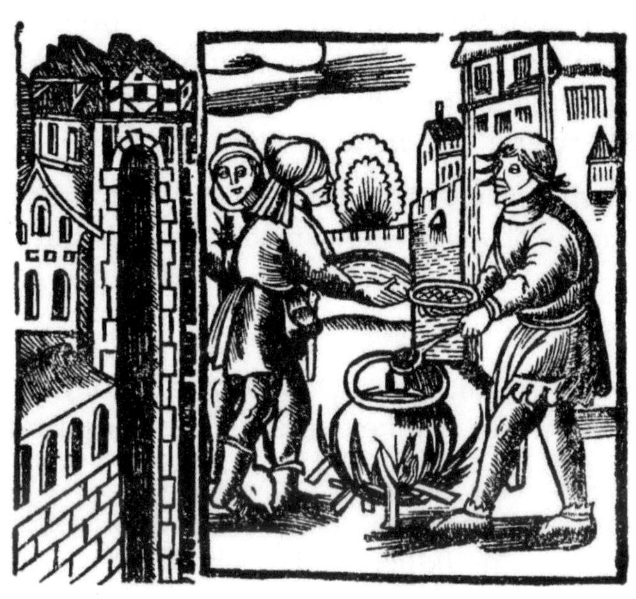

Vele Spijööken harr Ulenspegel de Schohmakers andoon,
nich blots an een Oort, man ok in annere Städer. Na sien
letzte Undöög keem he na Stade un verdüng sik wedder bi en
Schohmaker. As he an de eerste Dag to arbeiden anfung,
gung sien Meester to'n Markt un köff een Fuder Holt. He ver-
sprook de Buer, em to dat Geld ok noch Supp to geven, un
bröch em mit dat Holt to sien Huus. He funn aver keeneen
in't Huus, denn siene Fru un de Magd weren utgahn, blots
Ulenspegel weer alleen dor un neihte Schöh. Nu müss de
Meester aver nochmal to de Markt gahn. He befohl Ulenspe-

gel, he müch nehmen, watt he hett un den Buern ene Supp maken, he harr em dorför wat in dat Schapp stahn laten. Ulenspegel see »Jo.«, de Buer smeet sien Holt af un keem in't Huus.

Ulenspegel sneed em Brootstücken in de Schöttel, funn aver narms Fett or Smolt in dat Schapp. He funn en Fatt mit gammelig rükende Fischtraan un begoot dormit de Supp för de Buer. De fung an to eten un rook, dat se övel stunk. He weer aver hungerig un lepelte de Supp ut.

Intwüschen keem de Schohmaker vun de Markt torüch un fraag de Buer, wat em de Supp smeckt harr. De Buer see:

»Dat smeckte allens goot, man dat harr mehrst de Smack vun niege Schöh.«

De Buer verleet dat Huus. Do müss de Schohmaker lachen un fraag Ulenspegel, wat he de Buer in de Supp rindaan hett. Ulenspegel anterte:

»Ik schull nehmen, wat ik harr. Doch ik harr keen anneret Fett as Seefischtraan. Ik heff in dat Schapp in de Köök söcht, man ik funn keen anneret Fett. So nehm ik dat, wat ik harr.«

De Schohmaker see:

»Jo, dat is goot . För de Buer is dat goot noog!«

45. Historie

In Brunswiek spickte en Stevelmaker Ulenspegels Steveln un de stööt em en Fensterschiev in de Stuuv

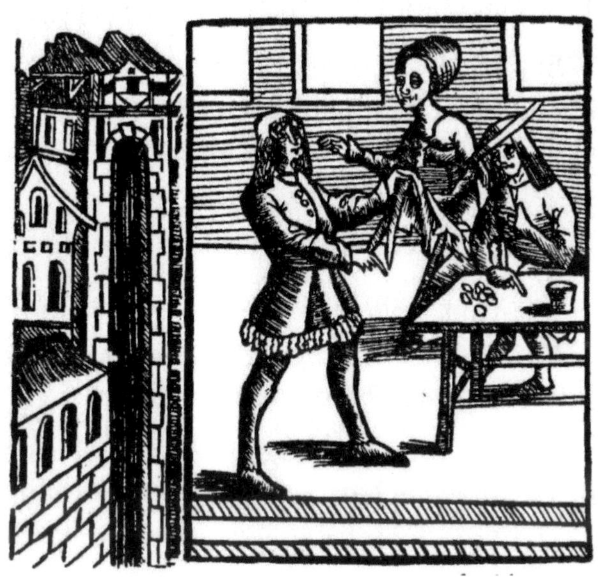

C hristoffer heet en Stevelmaker op de Kohlmarkt in Brunswiek. Ulenspegel gung to em un wull siene Steveln smeren laten. As he in dat Huus keem, fraag he:

»Meester, wüllt ji mi disse Steveln spicken, dat ik se an Maandag torüch hebben kann?«

De Meester see:

»Jo, geern.«

Ulenspegel gung ut dat Huus un dacht an nix böset. As he foort weer, see de Gesell:

»Meester, dat weer Ulenspegel, de maakt mit jedereen siene Spijööken. Wenn he disse Opdrag kregen harr, so as he ju dat see, harr he dat wöörtlich nahmen.«

De MJeester sprook:

»Wat hett he mi denn seggt?«

Un de Gesell anterte:

»Ju schullt de Steveln spicken, aver he mente smeren, mit Speck afrieven. Ik wörr se also nich smeren, sünnern spicken, so as man de Bradens spickt.«

De Meester weer inverstahn un see:

»Dat wüllt wi woll doon, so as he uns dat seggt harr!«

He nehm Speck, snee em in Striepens un spickte em mit ene Spicknadel dörch de Steveln as en Braden.

Ulenspegel keem an Maandag un fraag, of siene Steveln fardig sünd. De Meester harr se an ene Wand hangt, wies se em un see:

»Kiek, dor hangt se!«

Ulenspegel seeg, dat de Steveln spickt weren un fung an to lachen:

»Wat sünd ji för en düchtige Meester! Ji hebbt mi dat so maakt, as ik ju dat seggt harr. Wat wüllt ji dorför hebben?«

De Meester anterte

»Een ole Groschen.«

Ulenspegel geev em de ole Groschen, nehm siene Steveln un verleet dat Huus. Un de Meester un sien Gesell segen un lachten em na un seen:

»Wo kunn dat angahn? Nu is he geaapt!«

Wieldes stööt Ulenspegel mit sien Kopp un de Schullern dörch dat Glasfenster, denn de Stuuv leeg to evene Eer un gung op de Straat, un see to de Stevelmaker:

»Meester, wat is dat för en Speck, de ji för miene Steveln bruukt hebbt? Is dat Speck vun ene Söög or vun en Ever?«

De Meester un sien Gesell weren verbaast. Nu seeg he, dat Ulenspegel in dat Fenster leeg un mit de Kopp un de Schullern de halve Glasschiev in de Stuuv stött harr. Do worr he füünsch un see:

»Wullt du Halunk dat nich laten!? Sünst will ik di mit disse Holtriegel vör de Kopp slaan!«

Ulenspegel sprook:

»Leve Meester, vergrellt ju nich, ik wüsst blots geern, wat dar för en Speck is, womit ji miene Steveln spickt hebbt. Is de vun ene Söög or vun en Ever?«

De Meester worr noch mehr füünsch un reep, he schull em dat Fenster heel laten.

»Wenn ji mi nich seggen wullt, wat dat för en Speck is,mutt ik gahn un en anneren fragen.«

Ulenspegel sprung wedder ut dat Fenster rut. Nu aver worr de Meester böös op sien Gesell:

»De Raat hest du mi geven, nu giff mi en Raat, dat mien Fenster wedder heel warrt!«

De Gesell sweeg. De Meester aver weer steersch:

»Wer hett denn nu den anneren för en Narren holen? Ik, heff jümmers hört, wer vun Schalkslüüd verfolgt warrt, schall sik nich to veel mit de afgeven un se gahn laten. Harr ik dat ok daan, , west mien Fenster woll hoch heel.«

De Gesell müss dorüm wannern, denn de Meester wull vun em dat Fenster betahlt hebben, wieldat he de Raat geven harr, de Steveln to spicken.

46. Historie

*Ulenspegel verköff in Wismar en Schohmaker froren Schiet
as Talg*

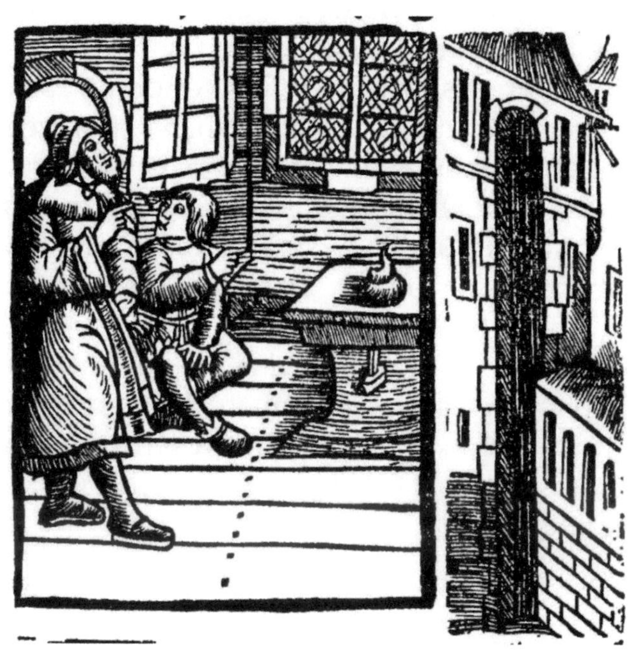

Ulenspegel harr inst in Wismar en Schohmaker bi't To-
snieden veel Ledder verdorven un em dormit en
grote Schaden andaan, so dat de gode Mann heel trorig weer.
Dorvun harr Ulenmspegel hört un as he weddder na Wismar
keem, sprook he de densülven Schohmaker an, de he de
Schaden andoon harr. Üm disse Schaden wedder goot to ma-
ken, bood he em en goden Hannel an, he wull em en Foder
Ledder un Smolt för en vördeelhafte Pries levern. De Schoh-
maker weer tofreden:

»Jo, dat is recht un billig, denn du hest mi to en arme Mann maakt. Wenn du de Woor hest, giff mi Bescheed!«

Dorophen gungen se utenanner.

Nu weer dat al Wintertiet un de Schinners maken ehr Schiethüüs rein. To de gung Ulenspegel un versprook jem boret Geld, wenn se em twölf Tünnen mit de Schiet ut de Kloaken opfüllen, wat se sünst in't Water to fohren plegten . De Afdeckers deen dat un füllten de Tünnen bet op veer Fingers breet ünner de Ränner un leten se stahn, bet se hart dörchfroren weren. Do halte Ulenspegel se af. Söss Tünnen begoot he baven dick mit Talg un sloog se fast to, un söss Tünnen begoot he mit Smolt un sloog ok de fast to. He leet se all to sien Harbarg »Güllene Steern« fohren un schickte den Schohmaker ene Naricht. As de keem, maken se de Tünnen apen, un wat de Schohmaker seeg, see em to. Se warrn sik över de Koop enig un de Schohmaker schull Ulenspegel 24 Gulden betahlen, dorvun twölf Gulden op de Steed in boor un de Rest in een Johr.

Ulenspegel nehm dat Geld un wannerte foort, denn he weer Bang för dat Enn.

De Schohmaker nehm siene Woor un weer vergnöögt, so as en, de en Schaad or Verlust utgleeken worr. Un he söcht Help, wiel he an de tokamen Dag Ledder smeren wull. Vele Schohmakerknechten kemen, de mit godet Eten un Drinken reken , gungen an't Wark un fungen an, luuthals to singen, so as dat ehr Wies weer.

As se nu de Tünnen an't Füer bröchen un de warm woorn, wunnen se ehr natüürliche Ruuch torüch. Do see een to de annere:

»Ik glöv, de hest di in de Büx scheten!«

De Meester see:

»Een vun ju is in de Schiet treden! Wisch di de Schöh af, dat stinkt över all Maten övel!«

Se söchen överall rüm, man se funnen nix, un fungen an, dat Smolt in en Ketel to doon un wullen dat Ledder smeren. Je deper se kemen, ümso mehr stunk dat. Toletzt worr se dat kloor, se leten dat Tüüch in de Tünn un ehr Arbeit stahn. De Meester un siene Gesellen löpen rut un wullen Ulenspegel söken, de schull för de Schaden instahn. Aver de weer mit dat Geld weg un wörr woll wegen de annere twölf Gulden wiss un wohrhaftig nich torüchkamen.

Also müss de Schohmaker siene Tünnen mit den Gammel to de Affallkuhl fohren un weer nu al dat twete Maal ansmert.

47. Historie

As Broergesell sott Ulenspegel in Einbeck bi't Beerbroen en Köter, de heet Hopp

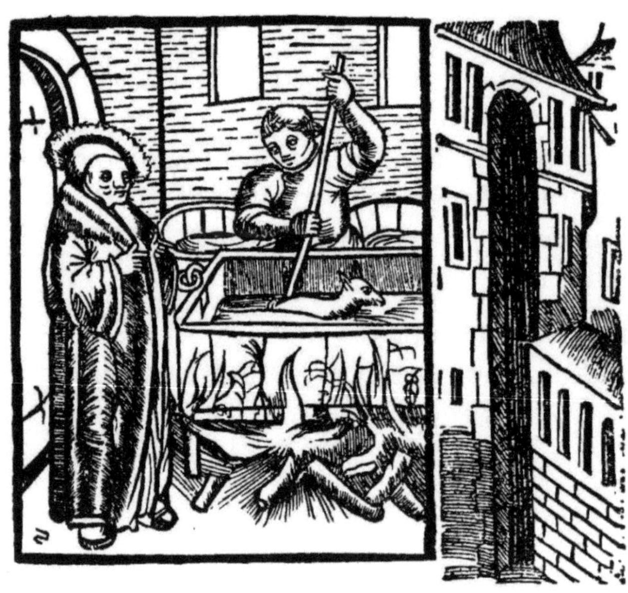

Ieverig maakt sik Ulenspegel wedder an siene Arbeit. To ene Tiet, as man in Einbeck sien Schavernack mit de bescheten Plummen al vergeten harr, keem he wedder hierher torüch un verdüng sik bi en Beerbroer. Eenmol keem dat so, dat de Beerbroer to ene Hochtiet müss, un he befohl Ulenspegel, he schull tosamen mit de Deenstmagd Beer broen, so goot as he dat kann. An de tokamen Dag wull he em denn helpen. Un vör alle Dinger schull he mit besünnerliche Iever dorop achten, dat he de Hoppen dull sedet, dormit dat Beer en deftige Smack lrggt un goot verköfft warrn kunn.

Ulenspegel see to, he wull sien Bestes geven. De Broer un sien Fru gungen ut dat Huus. Un Ulenspegel fung an, düchtig to seden. De Magd lehrte em an, denn se wüss mehr dorvun as he. As dat nu so wiet weer, dat se den Hoppen seden kunnen, see de Deern:

»Ach mien Lever, de Hoppen sedest du doch woll alleen! Günn mi dat, dat ik för eene Stünn weggah un bi de Danz tokiek.«

Ulenspegel weer inverstahn un dacht bi sik, wenn se ok weg is, heff ik de Mööglichkeit för en Spijöök; wat schull ik de Broer för Undöög andoon?

Nu harr de Broer en grote Hund, de heet Hopp. De nehm he, smeet em in dat hitte Water un leet em dorin ornlich seden, bet em Huut un Hoor affullen un daat Fleesch vun de Knaken full.

As nu de Magd dacht, dat dat wedder Tiet weer, na Huus to gahn, wiel de Hoppen woll noog kakt weer, keem se torüch un wull Ulenspegel helpen. Se see:

»Kiek, mien leve Broder, de Hoppen hett noog sedet, schöpp af!«

As se nu dat Seef verschoven un mit ene grote Kell anfungen to schöppen, fraag de Deern:

»Hest du ok de Hoppen rindaan, ik mark noch nix dorvun in miene Kell?!«

»Op de Grund warrst du em finnen,« anterte Ulenspegel.

De Magd fung an to fischen, harr mit eens dat Geripp op de Kell un schree luut:

»Ei, bewohr mi Gott! Wat hest du dorin daan? De Henker drink dat Beer!«

Aver Ulenspegel see, dat he blots dat rindee, wat de Broer em seggt harr, un dat weer Hopp, de Hund.

Wieldat keem de Broer duun na Huus un fraag:

»Wat maakt ji, miene leven Kinner, geiht ju dat goot?«

Aver de Magd anterte:

»Ik weet nich, wat to'n Düvel wi hier doon. Ik weer för ene halve Stünn wewg, üm mi de Danz to bekieken un see to uns niege Knecht de Hoppen intwüschen to seden, man he hett uns Hund Hopp sedet! Hier künnt ji sien Rüüchgraat sehn!«

»Jo, Herr,« sprook Ulenspegel, » ji hebbt mi dat so seggt. Is dat nich ene grote Plaag? Ik do allens, wat man mi seggt, man ik krieg narms Dank. All de anneren Broers sünd tofreden, wenn ehr Gesinn blots dat Halve vun dat doot, wat man se befehlt.«

Also nehm Ulenspegel sien Künnigen, gung foort, un verdente wedder narms groten Dank.

48. Historie

*Ulenspegel verdüng sik bi en Snieder un neihte ünner enTub-
ben*

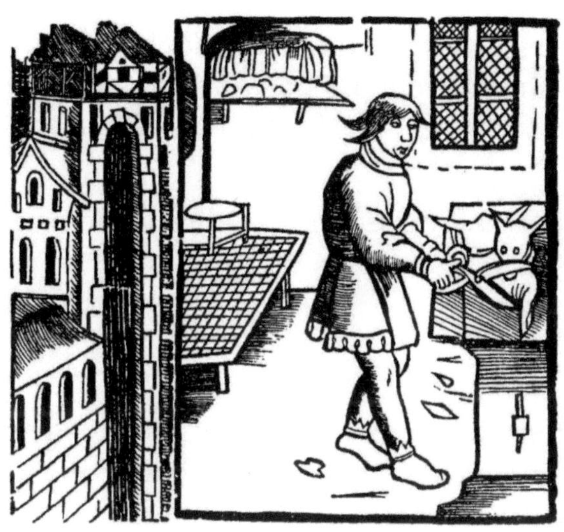

Ulenspegel keem na Berlin un verdüng sik as en Snie-
derknecht. As he nu in de Warksteed seet, see de Mees-
ter to em:

»Gesell, wenn du neihst, so neih goot un so, dat man dat
nich süht.«

Ulenspegel stunn op, nehm Nadel un Kledaasch un kreep
ünner en Tubben. He steppte ene Naht över sien Knee un
fung an to neihen. De Snieder stunn dorbi, seeg sik dat an un
sprook:

»Wat wullt du doon? Dat is en afsünnerlichet Neihwark!«

Ulenspegel aver anterte:

»Meester, ji see, ik schull neihen, dat man dat nich süht. So kann dat keeneen sehn!«

»Nee, mien leve Gesell, hol' op un neih nich mehr so! Fang an to neihen, dat man dat sehn kann!«

Dat duerte so wat an dree Daag. Do begeev sik dat, dat de Snieder laat an en Avend mööd worr un wull to Bett gahn. En griese Buernjack leeg half fardig dor. De smeet he to Ulenspegel un see:

»Kiek her, maak disse Wulf fardig un denn gah ok in de Puuch!«

Ulenspegel see:

»Jo, gaht man, ik will dat woll recht doon.«

De Meester gung to Bett un dacht nich mehr doran. Ulenspegel aver nehm de griese Rock, sneed em op un maak dorut en Kopp as en Wulf, un noch Lief un Benen un spredd allens mit Stakens utenanner, so dat dat as en Wulf utseeg. Achterna gung he ok to Bett.

Morgens stunn de Meester op, maakte Ulenspegel waak un funn de Wulf in de Kamer stahn. De Snieder verwunnerte sik, seeg aver, dat dat en namaakte weer. Nu keem Ulenspegel dorto.

»Wat to'n Düvel hest du dorut maakt?« fraag de Meester.

»En Wulf, so as se mi dat befahlen harrn.«

»So en Wulf harr ik nich meent! Ik nömte nur de griese Buernrock en Wulf.«

Ulenspegel see:

»Leve Meester, dat wüss ik nich. Harrr ik dat aver wusst, wat se meenten, harr ik lever de Jack neiht as de Wulf.«

De Snieder geev sik dormit tofreden, denn dat weer jo nu mol passeert.

Veer Daag later weer de Meester alwedder mööd un mücht woll fröhtiedig slapen gahn. He dacht aver, dat dat noch to fröh weer, dat ok sien Gesell al to Bett gahn kunn. Dor leeg ene Jack, de weer fardig bet op de Arms. De nehm he, smeet se un de losen Arms Ulenspegel to, un see:

»Smiet noch de Arms an de Rock un gah achternah in de Puuch!«

Ulenspegel stimmte to, de Meester gung to Bett un Ulenspegel hung de Rock an en Haken. He stickte twee Lichten an, an jede Siet vun de Rock een, nehm een Arm un smeet em an de Rock, gung an de annere Siet un smeet ok dor een Arm an de Rock. Un wenn de beiden Lichten rünnerbrennt weren, nehm he twee niege, stickte se an un smeet de Arms an de Rock, de ganze Nacht dörch bet morgens.

De Meester weer opstahn un keem in de Kamer, man Ulenspegel scherte sik nich üm em un smeet wieder mit de Arms na de Rock. De Snieder stunn dorbi, seeg dat un fraag:

»Wat to'n Düvel maakst du nu för en Gökelspeel?«

AverUlenspegel anterte heel eernst:

»Dat is för mi keen Gökelspeel, ik heff de ganze Nacht stahn un disse wedderböstige Arms an de Rock smeten, man se wüllt nich doran kleven. Dat weer woll beter wesen, wenn se mi harrn to'n slapen schickt anstatt hier de Arms to smieten. Se wussen doch, dat dat ene verlorene Arbeit weer!«

»Is dat nu miene Schuld?« fraag de Snieder, »Kann ik we-
ten, dat du dat so verstahn harrst? Ik meente dat nich so, ik
meente, du schullst de Arms an de Rock neihen.«

Do warr Ulenspegel füünsch:

»Dat schall ju de Düvel lohnen ! Wenn ju en Ding anners
nömt as ju dat meent, wo kann dat tosammengahn? Harr ik
ehr Menen wüsst, so harr ik de Arms goot anneiht un harr ok
noch en poor Stunnen slapen kunnt. Nu köönt ji över Dag
hier sitten un neihen, ik gah un legg mi hen to'n slapen!«

De Meester weer nich inverstahn:

»Nix dor! Ik will di nich för't slapen betahlen!«

Se strieden mit'n anner un bi de Krakeel födderte de Snie-
der vun Ulenspegel, he schull em de Lichten betahlen, de he
opbrennt harr.

De aver söcht siene Saken tosamen un wannerte foort.

49. Historie

*Ulenspegel leet dree Sniedergesellen vun en Fensterladen fal-
len un vertellte de Lüüd, dat de Wind se rünnerweiht harr*

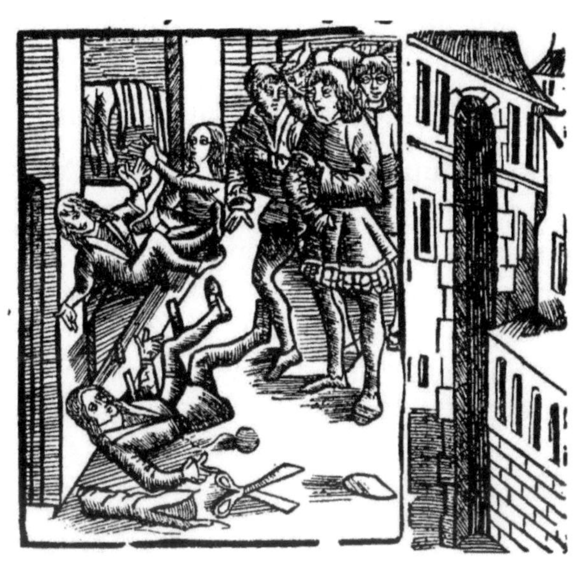

In Brannenborg wahnte Ulenspegel bald veerteihn Daag in
ene Harbarg, wieldat do Markt weer. Dicht bito wahnte en
Snieder, de harr dree Gesellen, de op de Fensterladen, de ok
de Verkööpsdisch weer, seten un neihten. Un wenn Ulenspe-
gel bi se vörbi gung, spotteten se em un smeten em mit
Stoffsnippels. Ulenspegel aver sweeg still un tövte op en
Dag, an de de Markt vull vun Lüüd weer. In de Nacht vörher
sagte he de Postens, up de de Laden stunn, ünnen af, leet se
aver op de ünnerste Stenen stahn. An annern Morgen leden
de Sniederknechten de Ladens op de Postens, setten sik do-
rop un neihten.

As nu de Swienharder tutete, dat jedereen siene Swien rut-
drieven schull, kemen ok de Swien vun de Snieder ut sien
Huus, gungen ünner dat Fenster un fungen an, sik an de Pos-
tens to rieven, so dat de Postens rutdrückt worrn un de dree
Gesellen vun de Laden op de Straat fullen.

Ulenspegel seeg dat, as se fullen, un fung an, luuthals to
schreen:

»Seht, seht! De Wind weiht dree Snieders vun dat Fenster!«

Un he gröhlte so luut, dat dat op de ganze Markt to hören
weer. De Lüüd   lepen tohoop, lachten un spotteten. De
Knechten schamten sik un wüssen nich, woso se vun de La-
den rünnerkamen weren. Toletzt markten se, deat de Postens
afsagt weren un se markten woll, dat dat Ulenspegel daan
harr. Se slogen annere Pahlen in wagten nich mehr, Uhlen-
spegel to spotten.

50. Historie

Ulenspegel reep de Snieders in dat ganze Sassenland tosamen un wull se ene Kunst lehren, de se un ehr Kinner goot doon warrt.

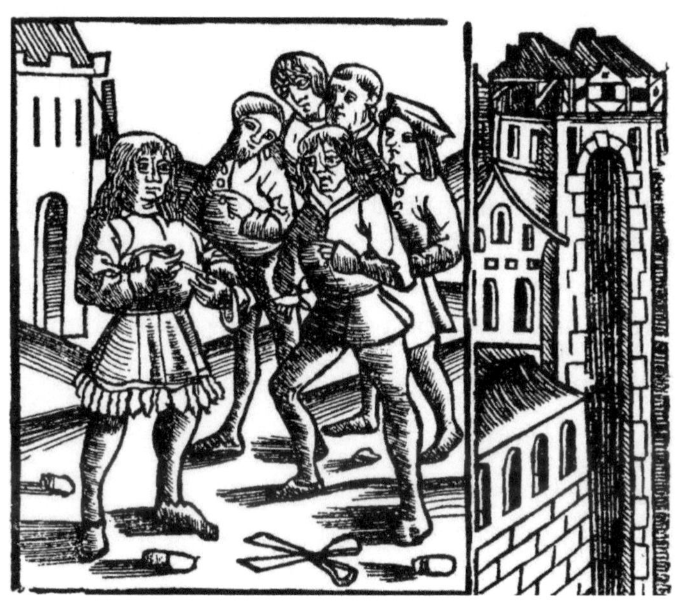

Ulenspegel schreev mit Breven ene Tohoopkumst un en Versammeln vun de Snieders in de wendische Städer, in dat Land Sassen un sünnerlich in dat Land Holsteen, in Pommern, in Stettin un Mäkelborg, ok in Lübeck, Hamborg, Stralsund un Wismar ut. He entbood siene Gunst un se schullen to em na Rostock kamen, he will se ene Kunst lehren, de se un ehr Kinner topass kamen för ewige Tieden, so lang de Welt besteiht. De Snieders in de Städer, de Markten un in de Dörpen schreven enanner, wat woll ehr Menen dorto is. Se all schreven, dat se to ene fastsetten Tiet na de Stadt Rostock kamen wullen.

Bi disse Versammeln , wullen se all weten, wat Ulenspegel se woll seggen wull un wat för ene Kunst dat is, de he se lehren will, wiel he se so ielig anschreven harr.

Un na de Afspraken kemen se all to ene bestimmte Tiet in Rostock tosamen. Vele Lüüd wunnerten sik, wat woll so vele Snieders dor doon wullen. As Ulenspegel hörte, dat de Snieders kamen weren, leet he se tohoop ropen, bet se all bi enanner weren. Do sproken de Snieders to Ulenspegel, se sünd wegen sien Breef kamen in de he schreef, dat he se ene Kunst lehren wull, de se un ehr Kinner topass kummt för ewige Tieden, so lang de Welt besteiht. Se beden em, dat he se föddert un de Kunst kunddeiht. Se wullen em ok wat schenken.

Ulenspegel see:

»Jo, kaamt all tohoop in ene Wies, so dat jedereen dat vun mi hören kann!«

Se kemen op en grote Platz, Ulenspegel gung in en Huus, seeg ut en Fenster rut un reep:

»Ehrbare Mannslüüd vun dat Sniederhandwark! Ji schöölt marken un verstahn: wenn ji ene Scheer, ene Eel un Fadens un en Fingerhoot un dorto ok noch ene Nadel hebbt, denn hebbt ji noog Warktüüch för juuch Handwark. Dat to kriegen, is noch kene Kunst, sünnern dat geiht meist vun alleen, wenn ji juuch Handwark utövt. Aver disse Kunst hebbt ji vun mi un denkt dorbi an mi: wenn ji de Nadel infädelt hebbt , vergeet nich, an dat annere End en Knütt to maken or ji neiht männicheen Steek ümsünst. So hett de Faden kene Mööglichkeit, ut de Nadel to flutschen.«

Een Snieder seeg de annere an un se seen:

»Disse Kunst wüssen wi all vörher un ok all de Saken, de he uns vertellt hett.«

Un se fragen Ulenspegel, of he ok noch wat mehr to seggen hett. För so en Tüünkraam wullen se nich teihn or twölf Mielen lang herkamen sien un ünnerenanner Baden schickt harrn! De Kunst harrn de Snieder al lang wusst, al vör mehr as dusend Johren.

Dorop anterte Ulenspegel:

»Wat vör dusend Johren schehn is, dorup kann sik hüüt nüms mehr besinnen.«

Ok see he, wenn se dat nich mit Will un Dank, so schüllen se dat   mit Unwill un Undank opnehmen; un jedereen mücht wedder dorhen gahn, wo he herkamen is.

Do worrn de Snieders, de vun wiet herkamen weren, füünsch un wullen em bi de Büx kregen, man se kunnen nich to em henkamen. Also gungen de Snieders wedder utenanner. Welke weren in Brass , flökten un weren steersch, dat se de wiede Weg ümsünst gahn weren. Un de, de in Rostock wahnten, lachten un spotteten över de anneren, dat de sik so harrn ansmeten laten. Se seen, de wesen sülvst Schuld, dat se dat Sluusohr un Narr glövt harrn un em nakemen weren. Denn se harrn al lang wüsst, wat Ulenspegel för en Vagel weer.

51. Historie

Ulenspegel sloog an en Fierdag Wull, wat em de Wullwever verbeden harr

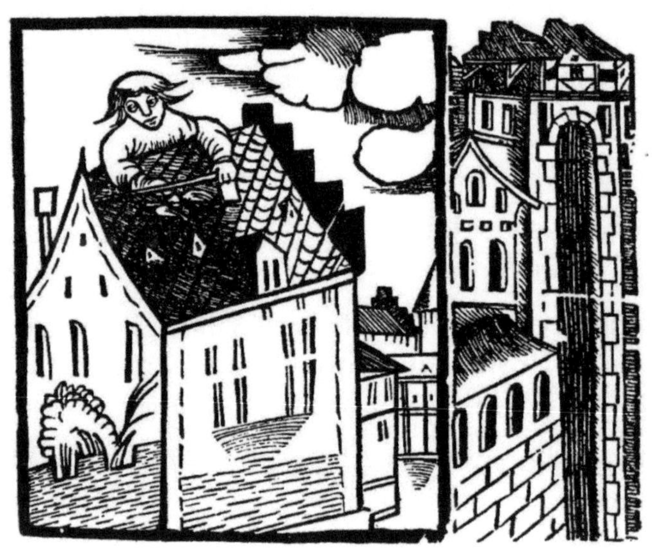

As Ulenspegel na Stendahl keem, geev he sik as en Wullwever ut. An en Sünndag see de Wullwever:

»Leve Knecht, ji Gesellen fiert geern an Maandag. Wer dat deiht, de heff ik nich geern in mien Deenst, he mutt de ganze Week dörcharbeiten.«

Ulenspegel weer inverstahn:

»Jo, Meester, dat is mi woll bannig leef.«

So stunn Ulenspegel an Maandagmorgen op un sloog de Wull. He dee dat jüst so an Dingsdag un dat behagte de Wullenwever woll. An Middeweek weer de Apostldag, en Fierdag, de se fiern müssen. Man Ulenspegel dee so, as of he dorvun nix wüsst, stunn tiedig op, spannte ene Snoor un fung an to slagen, dat man dat över de hele Straat hören kunn. De Meester sprung op de Steed ut sien Bett un befohl em:

»Hol op, hol op! Hüüt is en hillige Dag, wi dörvt nich arbeiten!«

Ulenspegel aver anterte:

»Leve Meester, ji hebbt mi doch an Sünndag keen Fierdag verkünnt, ik schull de gaanze Week dörcharbeiten!«

» Leve Gesell,« see de Wullwever, »dat heff ik nich so meent. Hol op un slaag nich mehr de Wull. Wat du an disse Dag verdenen kunnst, will ik di liekers geven.«

Ulenspegel weer dormit tofreden, fierte de Dag över un ünnerheel sik an Avend mit sien Meester. Do see de Meester to em, dat dat mit dat Wullslagen woll klappt, man he müss de Wull en beten höger slagen. Ulenspegel stimmte to, stunn vör Dag un Dau op, spannte de Bagen baven an de Latt vun de Schragen un stellte ene Ledder an. He steeg op de Ledder un richtete dat so in, dat de Slagstock bet an dat Enn vun dat Stell langt. Denn halte he vun ünnen vun de Schragen, de vun de Footbodden bet an dat Dack reckte, de Wull na baven un sloog se so deftig, dat se över dat Huus stööf.

De Wullwever leeg noch in de Puuch un hörte al an dat Slagen, dat Ulenspegel dat nich richtig maakt. He stunn op un seeg na em. Ulernspegel fraag:

»Meester, wat meent ji, is dat hooch noog?«

»Miene Tro!! Stahst du op dat Dack, so west du noch hö-
ger. Wenn du so de Wull slagen wullt, kannst du jüst so op
dat Dack sitten un slagen, anstatt hier op de Ledder to stahn!«

Un he gung ut dat Huus in de Kark. Ulenspegel harr sick
de Wöör markt, nehm sien Slagstock, klkatterte op dat Dack
un sloog de Wull op dat Dack. Dat harr de Meester vun de
Straat ut sehn un keem stantepee torüchlopen.

»Wat to'n Düvel maakst du? Hol op! Is dat normaal, de
Wull op en Dack to slaan?«

Ulenspegel anterte:

»Watt seggt ji nu, ji sprook vörhen, dat is beter op dat Dack
as op de Ledder, denn dor is dat noch höger as de Balkens
sünd.«

De Wullwever weer füünsch:

»Wullt du Wull slaan, so slaag se, wullt du dumm Tüüch
drieven, so driev! Gah rünner vun dat Dack un schiet an't
Stell!«

Un he gung in't Huus un op de Hoff.

Ulenspegel steeg ielig vun't Dack, gung in't Huus un in de
Stuuv un scheet dor en grote Dutt an dat Stell. De Wullwever
keem vun de Hoff , seeg, dat he dor scheet un see:

»Di schall dien Leevdag nix Godet schehn! Du deihst, wat
all Schelmen doon.«

»Meester, ik do doch nix anneret, as wat se mi seggt harrn.
Ji harrn seggt, ik schull vun't Dack stiegen un in dat Stell
schieten. Worüm sünd ji nu vergrellt? Ik do, wat ji mi seggt!«

De Wullwev er weer in Brass:

»Du schittst mi woll ok ahn Opfödderung op de Kopp. Nimm de Schiet un dreeg em an en oort, wo em nüms hebben will!«

Ulenspegen see jo, nehm de Dreck op en Stück Holt un droog dat in de Spieskamer. Dat aver weer de Wullwever ok nich recht:

»Laat dat buten, ik will dat nich dorin hebben!«

»Dat weet ik woll,« see Ulenspegel, »dat ji dat nich dorin hebben wullt. Keeneen will dat dor hebben, man ik do, wat se mi opdregen harrn.«

De Wullwever weer fuchtig, leep na de Stall iun wull Ulensopegel en Drümmel Holt an de Kopp smieten. Do gung Ulenspegel ut dat Huus un see:

»Kann ik denn narns Dank verdenen?«

De Wullwever wull nu dat Holt mit de Dreck flott griepen, aver he maakte sik de Fingers schietig. He leet dat Holt fallen, leep to'n Soot un wusch sik de Hänn. Wieldess gung Ulenspegel foort.

52. Historie

*Ulenspegel verdüng sik bi en Kürschner un verdreev een Ge-
stank mit en anneren*

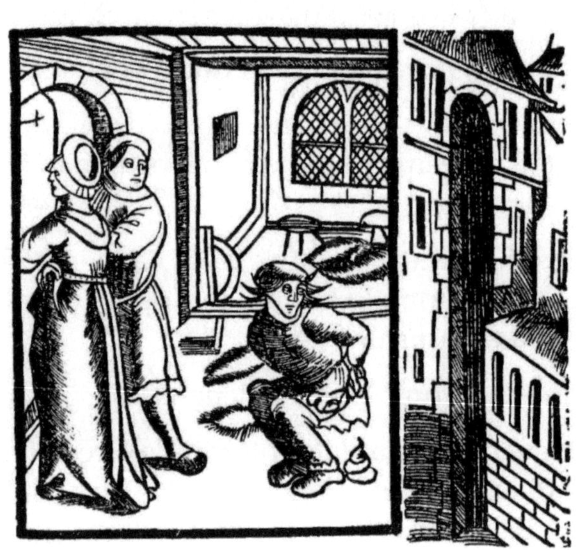

E ens keem Ulenspegel na Aschersleven. Do weer Noot in
de Winter un ene düre Tiet. He dacht: wat wullt du nu
anfangen, üm över de Winter to kamen? Keeneen brukte en
Gesell. Bloots en dor wahnende Kürschner wull en Gesell an-
nehmen, wenn de vun sien Handwark weer un vörbi wan-
nerte.

Do dacht Ulenspegel:

»Wat wullt do doon? Et is Winter un dorto allens ok noch
düer. Du muttst lieden, wat du lieden kannst un muttst dat
de hele Wintertiet dörch utholen.«

Un he verdüng sik bi de Kürschner as Gesell. As he nu in de Warksteed seet un Pelzen neihen wull, do weer he de Ruuch nich wennt un see:

»Pfui, pfui! Du büst so witt as Kried un stinkst so övel as Dreck!«

De Kürschner see:

»Rüükst du dat nich geern un settst di doch hierher? Dat dat stinkt , dat is natüürlich, dat kummt vun de Wull, de dat Schaap op de Butensiet vun dat Fell hett.«

Ulenspegel sweeg un dacht, een Övel pleegt dat annere to verdrieven, un he leet en so mächtig stinkende Furz rut, dat sik de Meester un siene Fru de Nesen toholen müssen. Un de Kürschner sorook:

»Wat maakst du? Wullt du övel rükende Puupse laten, so gah rut ut de Stuuv in de Hoff un furz so veel as du wullt!«

Ulenspegel see:

»Dat is för en Minsch veel natüürlicher un gesünner as de Ruuch vun de Schaapfellen.«

»Of dat gesund is or nich«, anterte de Kürschner, »wenn du puupsen wullt, gah in de Hoff!«

»Meester, dat west vergevens, all de Furze wüllt nich geern in de Küll sien, denn se sünd alltiet in de Warms. Üm dat to bewiesen: laat en Furz, he geiht Ju glieks wedder in de Nees in de Warms, ut de he kamen is.«

De Kürschner sweeg. He hett markt , dat he verdummbüdelt worr, dacht aver, dat he Ulenspegel nich lang bi sik hebben wull. Achterna seet Ulenspegel dor, neihte, krööntje sik,

spee ut un hoost de Hoor ut sien Mund. De Kürschner seet,
see em an un sweeg, bet se ehr Avenbroot eten harrn. Do
sprook de Meester to em:

»Leve Gesell, ik seh woll, dat du nich geern bi disset Hand-
wark büst. Ik glöv, dü büst keen richtige Kürschnergesell.
Dat mark ik an dien Verhollen. Or du büst noch nich lang bi
de Kürschneree, denn du büst de Arbeit nich wennt. Harrst
du dorbi ok bloots veer Daag slapen, so ekeltest du di nich so
doöver un fraagst ok nich un dat weer di nich so towedder.
Dorüm, mien leve Gesell, wenn du kene Lust hest hier to blie-
ven, kannst du morgen dorhen gahn, wo dien Peerd steiht.«

Ulenspegel dankte:

»Leve Meester, ji spreekt de Wohrheit, ik bün noch nich
lang dorbi west. Wenn ji mi verlövt, dat ik veer Nachten bi de
Fellen slaap, kann ik mi doran wennen. Un denn schüllt ji
sehn, wat ik tostann bringen kann.«

Dormit weer de Kürschner inverstahn, denn he brukte em
nödig un Ulenspegel kunn ok goot neihen.

53. Historie

*Ulenspegel sleep bi en Kürschner in dröge un natte Pelzen, so
as de Kürschner em dat seggt harr*

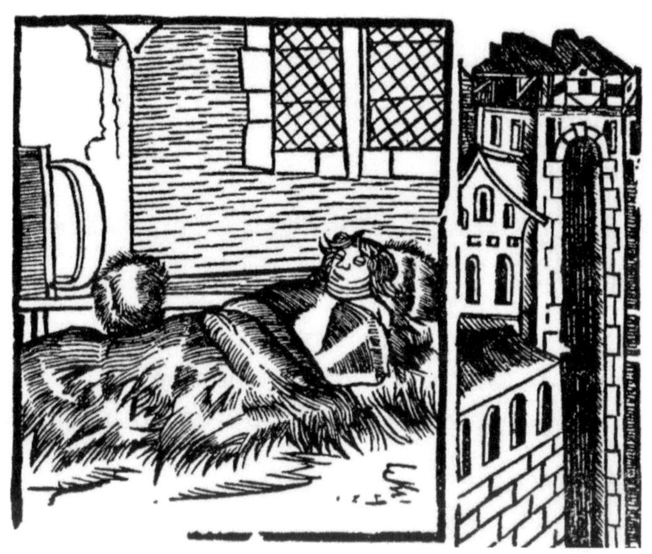

De Kürschner gung vergnöögt mit siene Fru to Bett.
Ulenspegel nehm de torichteten, drögen Fellen, de al
garvt weren, vun dat Stell un droog se tosamen mit de natten
op de Böhn. He kreep midden dorünner un sleep bet an an-
nern Morgen.

As de Meester opstunn, seeg he, dat de Fellen vun dat Stell
weg weren. He leep ielig op de Böhn un wull Ulenspegel fra-
gen, of he wat vun de Fellen wüsst. Man he funn Ulenspegel
nich, seeg aver, dat de drögen un de natten Fellen dörchenan-
ner op een grote Hupen legen. Do worr he ganz bedrapen un
reep mit blarrende Stimm na de Magd un siene Fru.

Un vun dat Ropen warrt Ulenspegel waak, wöhlte sik ut de Pelzen rut un fraag:

»Leve Meester, wat is mit ju, dat ji so luuthals roopt?«

De Kürschner wunnerte sik un wüss nich, wat in de Hupen vun Fellen un Pelzen weer, un fraag:

»Wo büst du?«

Un Ulenspegel see:

»Hier bün ik!«

»Dat di dien Leevdag keen Glück todeel warrt!«

see de Meester.

»Hest du mi de drögen Fellen vun dat Stell nahmen un de natten ut de Kalk un beide hier tosamenleggt un verdarfst mi de enen mit de anneren? Wat is dat för en Tüünkraam?«

Ulenspegel anterte:

»Meester, warrt ji dorüm böös? Ik heff doch nich mehr as ene Nacht dorin slapen. Ji wörrn noch veel fuchtiger, wenn ik de ganzen veer Nachten dorin slapen harr, as ji mi dat güstern Avend seggt harn, wiel ik doch noch nich so lang bi disset Handwark bün.«

De Kürschner see:

»Du lüggst as en böset Sluusohr! Ik heff nich to di seggt, de fardigen Pelzen op de Böhn to dregen, de natten Fellen ut de Kalk to halen, se tosamen to leggen un dorin to slapen!«

Un he söcht en Knüppel un wull em slaan. Ulenspegel aver leep de Trepp rünner un wull ut de Döör rut, man de Fru un de Magd kemen an de Trepp un wullen em fastholen. Do reep he rapp:

»Laat mi na de Dokter gahn, mien Meester hett sik een Been braken!«

Also leten se em lopen un gungen de Trepp rop. De Meester keem de Trepp rünner un wull Ulenspegel ielig nalopen. Dorbi stolperte he un reet bi't Fallen siene Fru un de Magd mit sik, dat se all tohopop op de Footbodden legen. Ulenspegel leep rut ut de Döör un leet se all torüch.

54. Historie

*Ulenspegel maakt in Berlin en Kürschner Wülf staats Wulf-
pelzen*

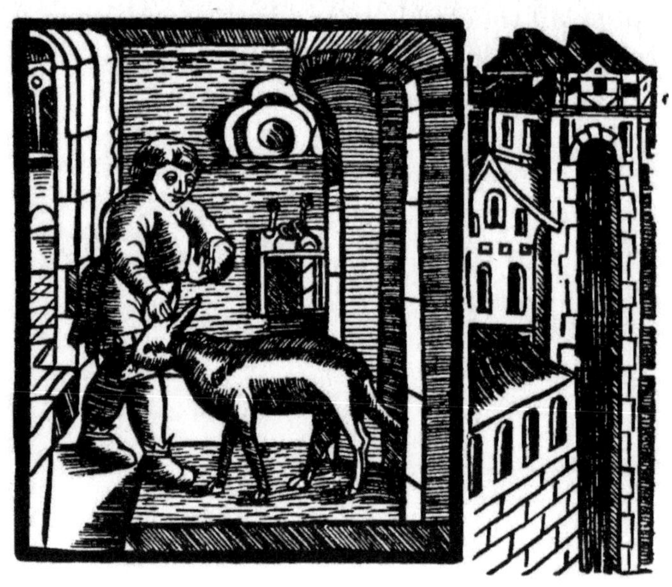

Heel plietsche Lüüd sünd de Swaven. Wo de toeerst hen-
kamen un keen Nehrmiddel finnen, sünd annere Lüüd
al lang verhungert. Doch hebbt vele mehr Verlööf för de
Beerkruuk un dat Supen denn för ehre Arbeit. Dorüm sehn
ehre Warksteden männichmal wüst un dörchenanner ut.

Do wahnte mal en Kürschner in Berlin, de weer in Swaven
boren, weer in sien Handwark heel goot un harr ok gode In-
fäll. He weer riek un ünnerheel ene Warksteed, de wat in-
bröch, denn to siene Kunnen hörten de Fürst vun dat Land,
de Ridders un vele gode Lüüd un Börgers.

Nu begeev sik dat, dat de Fürst in de Wintertiet en grotet Turnier mit Rennen un Steken afholen wull, to de he de Ridders un annere Herren inlaadt harr. Wiel kener as achterup or ooltmoodsch gellen wull, warrn in de Tiet bi de Kürschner vele Wulfpelzen bestellt.

Dat harr Ulenspegel mitkregen, gung to de Meester un beed üm Arbeit. De Meester, de to disse Tiet Gesellen bruukte, weer froh un fraag em, of he woll Wülv maken kunnt. Ulenspegel nickkoppte un see, dorin is he nich as de slechteste in't Sassenland bekannt. De Kürschner see:

»Leve Gesell, du kummst mi graad recht, kumm her; över dien Lohn warrn wi uns woll enig.«

Ulenspegel see:

»Jo, Meester, ik hool ju för anstännig; ji schöölt de Lohn sülvst fastsetten, wenn ji miene Arbeit seht. Ik arbeid aver nich mit de anneren Gesellen tosamen; ik mutt alleen sien, bloots denn kann ik miene Arbeit na mien Kopp un even weg doon.«

De Kürschner geev em ene lütte Stuuv un leed em   vele Wulfhüüd vör, de för de Pelzen torecht maakt weren. Un he geev em de Maten vun en Barg Pelzen, groot un lütt. Ulenspegel fung an, sik mit de Fellen an siene Arbeit to maken. He sneed se to, maakt ut alle Fellen Wülv, füllte se op mit Hau un maakt se Benen ut Holtstöcker , as wenn se lebennig weren.

As he nu de Fellen all versneden un Wülv dorut maakt harr, reep he:

»Meester, de Wülv sünd fardig, is noch mehr to doon?«

De Kürschner see:

»Jo, mien Gesell, neih Wülv, so veel du neihen kannst.«

Un he gung in Ulenspegels Stuuv. Dor legen de Wülv op de Eer, lütt un groot. De seeg de Meester an un fraag:

»Wat schall dat sien? Dat di dat Fever packt! Wat hest du mi för en grote Schaden andoon!? Ik will di inbuchten un bestrafen laten!«

Ulenspegel aver see:

»Meester, is dat mien Lohn un Dank? Ik heff dat na ehr egene Wöör maakt. Ji harrn mi seggt, ik schull Wülv maken. Harrn se mi seggt, ik schull Wulvpelzen maken, so harr ik dat ok doon. Un harr ik wusst, dat ik kenen Dank verdenen wörr, weer ik nich so flietig west.«

Also verlett Ulenspegel Berlin un gung na Leipzig.

55. Historie

Ulenspegel verköff in Leipzig an de Kürschners ene leben-
nige Katt as Haas

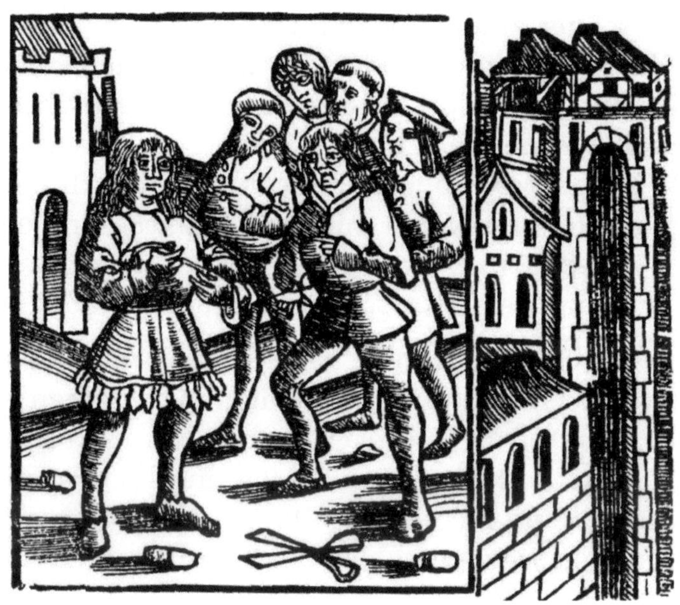

U lenspegel kunn sik snell en gode Blöödsinn utdenken,
wat he ok de Kürschners in Leipzig an de Fastelavend
bewies, as de ehr Gelaag or Suupgelaag afhelen. Ditmaal
harrn se geern Wildfleesch dorbi hatt. Dat harr Ulenspegel
hört un dacht bi sik:

»De Kürschner in Berlin hett di nix för diene Arbeit geven,
dat schölen nu de Kürschner hier betahlen.«

He gung in siene Harbarg, dor harr de Weert ene schöne,
fette Katt. De nehm Ulenspegel ünner siene Jack un beed de

Kock üm en Hasenfell, he wull dormit en schöne Spijöök doon.

De Kock geev em en Fell, dorin neihte Ulenspegel de Katt in. He toog sik Buernkledaasch an, stellte sik vör dat Raathuus, heel aver sien „Wild" so lang ünner siene Jack verbargen, bet en Kürschner anlopen keem. De fraag Ulenspegel, of he nich en Haas köpen wull un leet de ünner siene Jack sehn. Se warrn sik enig, dat he för de Haas veer Sülvergroschen un för de ole Sack, wo de Haas binnen weer, söss Penns betahlen müss. De Kürschner droog de Sack in sien Zunfthuus, wo se all vergnöögt tohoop weren mit grote Krakeel, un he vertellte, dat he de schöönste lebennige Haas köfft hett, de he siet Johren sehn harr, un all Kürschners begrabbelten dat Deert.

Wiel se de Haas eerst to de Fastelavend bruukten, leten se em in en tünte Grasgoorn lopen, halten Jagdhunnen un wullen Ünnerholen bi de Hasenjagd hebben. As se all tosamen weren, leten se de Haas los un de Hunnen achterran lopen. Man de Haas kunn nich so snell lopen, sprung op en Boom, reep:»Miau!« un weer geern wedder to Huus west.

As de Kürschners dat segen, schreen se:

»Loopt snell, leve gode Zunftmaten! Kaamt! Kaamt! De uns mit de Katt bedragen hett - slaagt em doot!«

Dorbi bleev dat aver, denn Ulenspegel harr siene Kleedaasch uttrocken un sik so verännert, dat se em nich künnig worrn.

56. Historie

Ulenspegel seed bi en Garver in Brunswiek dat Ledder un maakt Füer mit Stöhl un Bänk

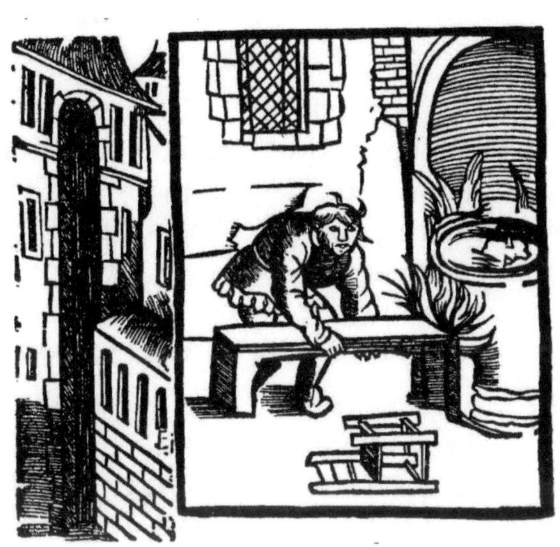

As Ulenspegel vun Leipzig weggung, keem he na Bruns-wiek to en Garver, de Ledder för de Schohmakers garv-te. Et weer Wintertiet un Ulenspegel dacht, dat he dat bi disse Garver in Winter woll utholen kunn. Also verdüng he sik be de Garver as Gesell.

He weer al acht Daag dor, as de Garver ene Inladen to'n Eten kregen harr. An disse Dag schull Ulenspegel Ledder garven un de Garver see to em:

»Seed de Zuber full Ledder goor!«

Ulenspegel fraag:

»Jo, wat schall ik för en Holt dorför nehmen?«

»Wat schall disse Fraag? Wenn ik keen Holt in de Holtstapels harr, so harr ik doch woll noog Stöhl un Bänk, mit de du dat Füer maken kunnst!«

Ulenspegel see:

»Jo, dat is goot.«

De Garver gung to siene Inladen. Ulenspegel hung de Ketel över't Füer, steek dat Ledder rin, ene Huut na de annere, un seed dat Ledder so goor, dat dat mang de Finger utenanner full. Un denn sloog he all Stöhl un Bänk in dat ganze Huus twei, dee se in't Füer un seed dat Ledder noch mehr! As dat fardig weer, nehm he dat Ledder ut de Ketel un leed allens op en Hupen. Denn gung he ut dat Huus in de Stadt un wannerte foort.

De Garver dacht nix Bööset, drunk de ganze Dag lang un gung avends duun to Bett. Annern Morgen wull he sehn, wat sien Gesell dat Ledder seden harr. He stunn op un gung in dat Garvhuus un seeg dat dat Ledder to veel sedet weer un in't Huus un op de Hoff funn he nich Stöhl noch Bänk. He weer heel vertwiefelt, gung in de Kamer to sien Fru un sprook:

»Fru, hier is Slimmet to sehn! Ik glöv, dat uns niege Knecht Ulenspegel west is, denn he hett allens daan, wat ik em seggt harr. He is weg, aver he hett all uns Stöhl un Bänk in't Füer smeten un dat Ledder to goor sedet. De Fru fung an to wenen un see:

»Loop em dallig na un hol em torüch!«

De Garver aver see:

»Nee, ik will nix mehr mit em to doon hebben! He kann wegblieven, bet ik em roop!«

57. Historie

*Ulenspegel bedroog in Lübeck en Wientapper, wiel he em
ene Kann Water för ene Kann Wien geev*

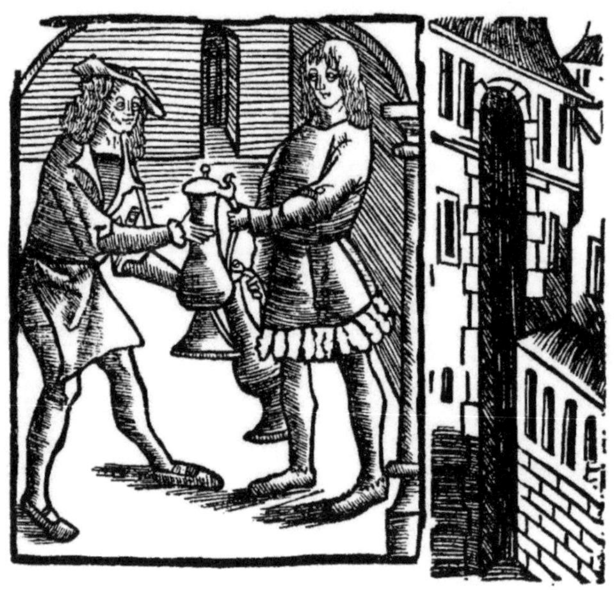

U lenspegel weer klook un seeg sik vör, as he na Lübeck
keem, un he verheel sik anstännig, üm keeneen en Spi-
jöök to spelen, denn in de Stadt harrn se en strenget Recht.

Nu weer to de Tiet in de Raatskeller vun Lübeck en Viez
un Wientapper, de weer en bannig stolte un hoochnesige
Keerl. He heel sik för so klook as nüms anneren. He see un
leet anner Lüüd över em seggen, dat he woll een Manns-
minsch sehn wull, de em bedregen un em in siene Plie över-
listen kunn. Dorüm weer he bi vele Börgers ünnerdörch un
nich geern sehn.

As nu Ulenspegel vun disse Wientapper un sien Över-
moot hörte, kunn he sien Jieper, Spaaß to maaken, nich länger
versteken un dacht, dat will ik mol versöken, wat de kann.
He nehm twee glieke Kannen, goot Water in eene Kann un
leet de annere leddig. De Kann, in de dat Water weer, droog
he ünner sienMantel versteekt, de annere droog he apen. Mit
de Kannen gung he in de Wienkeller un leet sik ene Maat
Wien aftappen. De Kann mit de Wien nehm he ünner sien
Mantel, de annere halte he rut un stellte se op de Tappbank,
ahn dat de Wientaapper dat sehn kunn. Denn sprook he:

»Wientapper, wat köst dat Maat Wien?«

De Wientapper anterte:

»Teihn Penns!«

Ulenspegel see:

»De Wien is mi to düer. Ik heff bloots söss Penns, kann ik
em dorför hebben?«

De Wientapper worr füünsch:

»Wullt du miene Raatsherren de Pries för de Wien vör-
schrieven? Dat hier is en Koop na fastsette Priesen. Wokeen
dat nicht na de Mütz is, de de mutt de Wien in de Raatskeller
laten!«

Ulenspegel see:

»Dat mutt ik woll lehren. Ik heff söss Penns, wenn ju de
nich wüllt, so geet de Wien wedder torüch!«

De nehm de Wientapper in sien Raasch de Kann un meen-
te, dor weer Wien binnen. Man dat weer dat Water; he geet
dat baven in dat Spundlock rin un see:

»Wat büst du doch för en Door! Du lettst di Wien aftappen un kannst em nich betahlen!«

Ulenspegel nehm de Kann, gung rut un see

»Ik seh woll, dat du en Door büst. Nüms is so klook, dat he nich vun en Door bedregen warrt, ok wenn he en Wientapper is.«

Dormit gung he weg un droog de Kann mit de Wien ünner sien Mantel, de annere leddige Kann, in de dat Water binn weer, droog he apen.

58. Historie

Ulenspegel schull in Lübeck hängt warrn, kunn sik aver ruthelpen

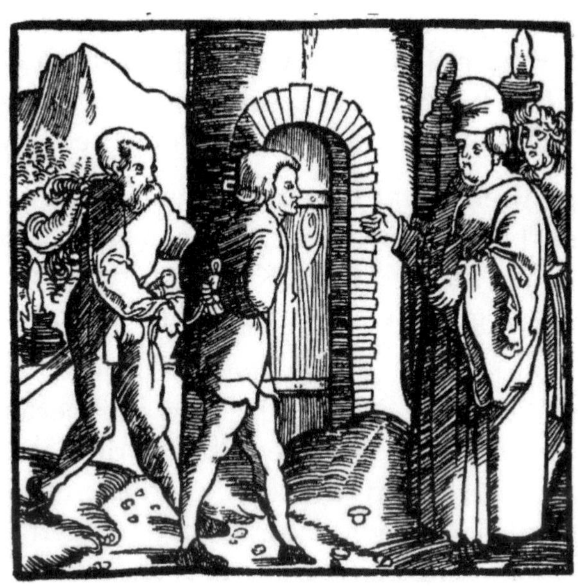

L ambrecht, de Wientapper, dacht över de Wöör na, de Ulenspegel bi sien Weggang ut de Keller seggt harr. He gung, nehm sik en Polizeibödel, leep Ulenspegel na un halte em op de Straat in. De Bödel greep em un se funnen de beiden Kannen bi em, de leddige un de mit de Wien. Se nömten em en Deef un föhrten em in't Kaschott.

En poor Lüüd meenten, he harr de Galgen verdent, vele aver seen, dat dat nich mehr as en Spaaß weer. Se menten, de Wientapper harr oppassen kunnt, denn he harr jo seggt, dat keeneen em bedregen kunnt. Ulenspegel harr dat bloots wegen de Driestheit vun de Wientapper daan. Man de, de Ulenspegel nich lieden kunnen, seen, dat worr Stehleree un he müss dorüm hangen. So worr dat Oordeel över em sproken: Dood an de Galgen!

As de Gerichtsdag keem un man Ulenspegel vör de Stadt to'n Hangen bringen wull, keem in de ganze Stadt Larm un ene grote Unroh op. Jedereen weer to Foot un to Peerd op de Straten. De Raat vun Lübeck weer bang, dat he üm Freeheit för Ulenspegel un dat he nich hängen müss beden warrt.

Vele wullen sehn, wat för en End he nimmt, nadem he so en aventüerliche Keerl west is. Annere menten, he versteiht as Töverer wat vun de swatte Kunst un he wörr sik dormit befreen . Man de gröttste Deel günnte em, dat he freekummt.

Wiel de Fohrt na de Galgen seet Ulenspegel ganz still un see keeneen Woort, so dat sik all Lüüd wunnerten un dachten, he west vertwiefelt. Dat duerte bet an de Galgen. Do reep he de Raat to sik un beed demödig , em ene Beed to gewehren. He wull nich üm Lief or Leven beden noch üm Geld or Goot, ok nich üm ene annere Barm, nich üm ewige Messen, ewige Spennen noch üm ewiget Gedächtnis sünnern bloots üm ene geringe Saak, de ahn Schaden to doon is un de de ehrliche Raat vun Lübeck licht doon kunnt ahn een Penn Kösten.

De Raatsherren traden tosamen, gungen an de Siet un helen Raat. Se warrn sik enig, em siene Beed to gewehren, nadem he vörher düütlich seggt harr, üm wat he nich beden wull. Welke verlangten to weten, üm wat he beden wörr un sproken to em:

»Diene Beed warrt vullfüllt, wenn du nix vun de Dinger wullt, de du vörher vertellt hest!«

Wenn he dormit inverstahn is, wullen se em de Beed to-
seggen. Ulenspegel see:

»Üm de Dinger, de ik vörhen optellt heff, will ik ju nich be-
den. Wüllt ji aver dat holen, worüm ik ju bidd, so bekunnt
mi dat mit Handslag.«

Dat deen se all un versproken em dat mit Hand un Mund.

Do sprook Ulenspegel:

»Ji ehrbare Herren vun Lübeck! Ji hebbt mi dat tolaavt un
ik beed üm dit:

Wenn ik denn hängt bün, schölt de Wientapper un de
Henker dree Daag lang jede Morgen kamen un toeerst de
Wientapper un achterna de Schinner mi nüchtern in mien
Moors küssen!«

Do speen se ut un seen:

»Dat is ene Beed, de sik nich höört!«

Ulenspegel aver sprook:

»Ik hool de ehrbare Raat vun Lübeck för so redlich, dat he
höllt, wat he mi versproken hett mit Hand un Mund!«

Se raatslogen doröver noch eens un ut Gnaad un annere
Grünn, de för em sproken, besloten se, em gahn to laten.

Ulenspegel reiste foort na Helmstedt, un he worr in Lü-
beck nienich mehr sehn.

59. Historie

Ulenspegel leet in Helmstedt ene grote Tasch maken

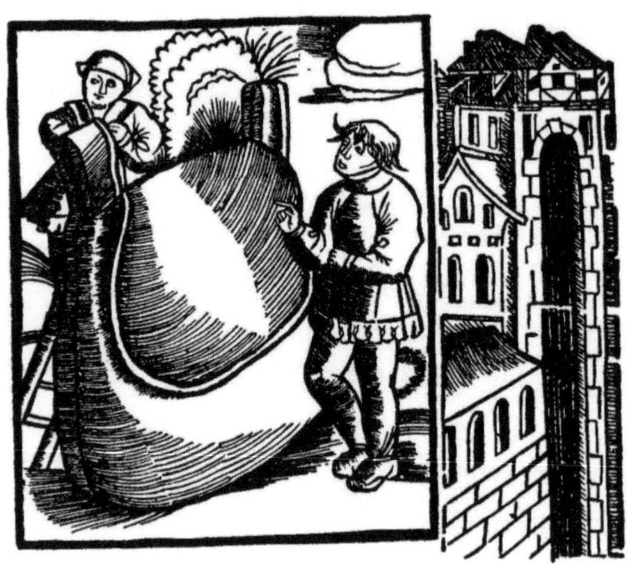

Mit ene Tasch maakt Ulenspegel ok en Schaden. In Helmstedt wahnte en Taschenmaker, to de keem Ulenspegel un fraag, of he em ene grote smucke Tasch maken wull.

»Jo,« see de Taschenmaker, »wo groot schall se denn sien?«

Ulenspegel anterte, dat he se groot noog maakt, denn to de Tiet droog man grote Taschen , de breet un wiet weren. So maak de Taschenmaker Ulenspegel ene grote Tasch. As he wedderkeem un sik de Tasch ankeek, see he:

»De Tasch is nich groot noog. Dat is en Täschlein. Maak mi ene, de groot noog is, ik will se goot betahlen.«

De Taschenmaker maak ene Tasch vun ene ganze Kohhu-
ut, de weer so groot, dat man woll en eenjöhriget Kalf rinste-
ken kunn, dat en Keerl doran to dregen harr. As nu Ulenspe-
gel dorto keem, müch he de Tasch ok nich lieden un he see,
dat de Tasch nich groot noog weer. Wenn he aver ene Tasch
so groot maken wull, mit de Ulenspegel tofreden weer, wull
he em twee Gulden as Afslag geven. De Taschenmaker nehm
de twee Gulden un maak em ene Tasch ut dree Ossenhüüd, ,
so dat dree Mannslüüd dormit to doon harrn, se op ene Böhr
to dregen; man harr woll een Schepel Koorn rinschüdden kö-
nen.

Ulenspegel keem, seeg de Tasch un see:

»Meester, disse Tasch is groot noog, man de Tasch, de ik
meen, dat is disse Tasch doch nich. Ik will se ok nich, se is
noch to lütt. Wenn ji mi ene grote Tasch maken köönt, ut de
ik jümmers een Penn rutnehmen kann un alltiet twee Penns
dorin blieven un ik so mien Leevdaag nich ahn Geld bün un
nich an de Bodden griepen kann, de wull ik ju afköpen un be-
tahlen. De Taschen, de ji mi maakt hebbt, sünd leddige Ta-
schen, de kann ik nich bruken. Ik mutt vulle Taschen hebben,
anners kann ik nich to de Lüüd kamen.«

Denn gung he foort, leet de Taschenmaker siene Taschen
un sprook:

»De Afslag för de Koop kannst du beholen.«

Un he leet em de twee Gulden; de Taschenmaker aver harr
woll för teihn Gulden Ledder tosneden.

60. Historie

Ulenspegel bedroog in Erfurt en Slachter üm en Braden

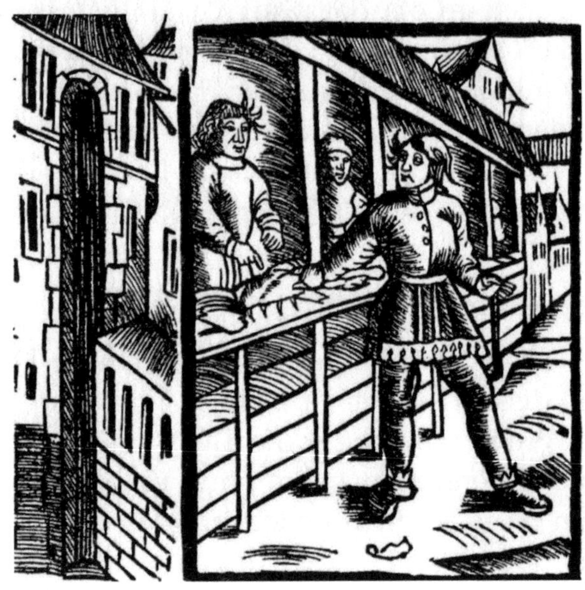

Ulenspegel kunn Unsinn nich laten, as he na Erfurt keem, un he worr bald mit Börgerslüüd un Studenten bekannt.

Eens gung he to de Marktstänn, wo de Slachters dat Fleesch anboden. Do snackt em en Slachter an un fraag, of he woll wat köpen un mit na Huus nehmen wull. Ulenspegel fraag:

»Wat schall ik denn mitnehmen?«

De Slachter see:

»En Braden.«

Ulenspegel see: »Jo,« nehm en Braden un gung weg. De Slachter leep em na un see to em:

»Nee, so nich! Du muttst de Braden betahlen!«

Ulenspegel anterte:

»Vun't Betahlen hebbt ji nix seggt, ji hebbt fraagt, of ik wat mi mitnehmen wull, un hebbt dorbei op de Braden wiesen, de ik mit na Huus nehmen schull.«

Dat wull he bewiesen mit de Navers, de dorbi stunnen. De anneren Slachters kemen dorto un seen ut Haat, dat dat wohr is. Denn de anneren weren spinnefeend op de Slachter. Wenn Lüüd to se kemen un wat köpen wullen, reep he se to sik un warf se af. Dorüm stimmten se to, dat Ulenspegel de Braden beholen kunn. Wieldat de Slachter noch rümstreed, nehm Ulenspegel de Braden ünner sien Mantel, gung dormit weg un leet sik de Slachters wedder verdregen, so goot as se kunnt.

61. Historie

Ulenspegel bedroog in Erfurt de Slachter noch maal üm en Braden

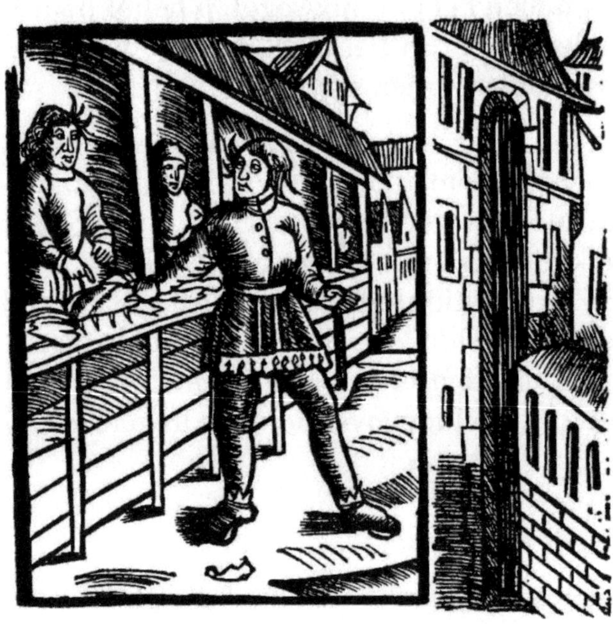

Acht Daag later keem Ulenspegel wedder to de Slachterstänn. Do sprook de sülve Slachter em mit Spottwöör an:

»Kumm her un hal di en Braden!«

Ulenspegel see »Jo« un wull na de Braden griepen. De Slachter aver weer snell un nehm de Braden an sik. Ulenspegel see:

»Töv, laat de Braden liggen, ik will em betahlen.«

De Slachter leed de Braden torüch op de Disch. Ulenspegel sprook to em:

»Wenn ik di en Woort segg, dat di vun Nütten is, schall denn de Braden mien sien?«

De Slachter see;

»Du kunnst mi so'ne Wöör seggen, de mi nix nütten, aver ok Wöör, de mi gefallen un dorbi de Braden weegnehmen.«

»Ik will de Braden nich anfaten, wenn di miene Wöör nich gefallen, un ik spreek nu dit: ›Kumm her, mien Geldbüdel, un betahl de Lüüd!‹ Wo gefallt di dat? Gefallt di so wat nich?«

De Slachter see:

»De Wöör gefallen mi woll un behagt mi ok dull.«

Do see Ulenspüegel to de Lüüd, de dor rümstunnen:

»Leve Frünn, hebbt ji dat höört? Also is de Braden mien!«

Ulenspegel nehm de Braden, gung foort domit un see spietsch to de Slachter:

»Nu heff ik mi al wedder en Braden halt, as du mi ansprookst!«

De Slachter stunn dor un wüss nich, wat he dorop antern schull. Tweemol is he to'n Narr holen worrn un harr to sien Schaden ok noch de Spott vun siene Navers, de bi em stunnen un lachten.

62. Historie

*Ulenspegel geev sik in Dresden as en Dischergesell ut un
kreeg kenen Dank*

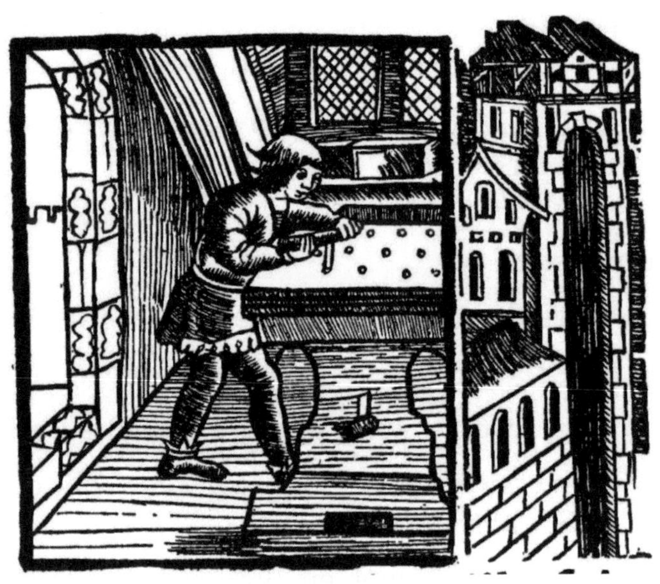

Bald achterna toog Ulenspegel vun dat Land Hessen na
Dresden an de Elv vör de Böhmerwohld un geev sik ut
as en Dischergesell. Dor nehm em en Discher as Uthelp op,
denn siene Gesellen harrn utdent un weren as Tippelbröder
ünnerwegens.

In de Sadt worr ene Hochtiet fiert, to de de Discher ene In-
laden harr. He sprook to Ulenspegel:

»Leve Gesell, ik mutt to de Hochtiet gahn un warr hüüt bi
Dag nich mehr torüchkamen. Sie düchtig, arbeid flietig un

bring de veer Breder för de Schrievdisch nipp un nau tosamen in de Liem.«

Ulenspegel fraag:

»Jo, welke Breder hören tosamen?«

De Meester leed em de Breder, de tosammen hörten, openanner un gung mit siene Fru to de Hochtiet. De frame Knecht Ulenspegel, de sik jümmers anstrengte, siene Arbeit mehr verkehrt as richtig to doon, fung an un dörchbohrte de schöön gemaserten Dischbreder, de de Meester openanner leggt harr, an dree or veer Steed. He saloog Holtplück dörch un verbunn se tosamen. He kakte de Liem in en grote Ketel un dee de Breder dor rin. Nagraad droog he se na baven in't Huus, leed se an dat apen Fenster, dormit de Liem an de Sünn drögen kunn un maakt rechttiedig Fieravend.

Avends keem de Meester vunde Hochtiet, harr veel drunken un fraag Ulenspegel, wat he över Dag daan hett. Ulenspegel anterte:

»Leve Meester, ik heff de veer Dischbreder nipp un nau tosamen in de Liem bröcht un denn to ene gode Tiet Fieravend maakt.«

Dat gefull de Mester un he see to siene Fru:

»Dat is en rechte Gesell, behannel em goot, denn ik will em lang beholen.«

Un de beiden gungen slapen.

Morgens stunn de Discher op un leet Ulenspegel de Disch bringen, de he maakt hett. Ulenspegel keem mit siene Arbeit vun de Böhn rünner. Do seeg de Meester, dat de Schelm em de Breder verdorven harr un fraag:

»Gesell, hest du denn dat Discherhandwark lehrt?«

Ulenspegel fraag torüch, worüm he dat weten wull.

»Ik fraag, wiel du mi so gode Breder verdorven hest.«

Ulenspegel anterte:

»Leve Meester, ik heff daan, wat ji mi seggt harrn. Is dat nu verdorven, so is dat ehr Schuld!«

De Meester worr füünsch un sprook:

»De büst en verdammte Schalksnarr, scheer di weg ut miene Warksteed, ik kann mit diene Arbeit nix anfangen!«

Also gung Ulenspegel foort un kreeg kenen Dank,, liekers he dat daan harr, wat man em befahlen harr.

63. Historie

Ulenspegel geev sik as en Brillenmaker ut un kunn in all Län-
ner kene Arbeit finnen

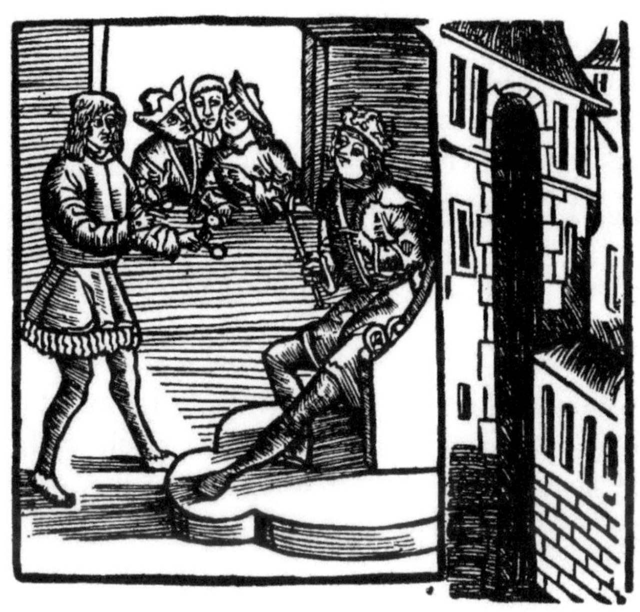

Fuchtig un unenig weren de Kurfürsten ünner sik, so dat
keen römische Kaiser or König wählt warrn kunn.
Opletzt warrt de Graaf vun Supplinborg vun de Kurfürsten
to'n König kört. Do weren aver ok noch annere, de weren de
Menen, se kunnt mit Macht in dat Riek infallen. So müss de
niege König söss Maanden vör Frankfort liggen un töven, of
em een vun dor wegsleit.

As he nu so veel Volk to Peerd un to Foot bisammen harr,
dacht Ulenspegel, wat dat woll för em dor to doon geev.

»Dorhen kamt vele frömme Herren, de laat mi nich ahn Gaven. Wenn ik in de Krink vun ehr Lüüd opnehmen warr, stah ik mi goot.«

Un he maakt sik op de Weg.

De Herren ut all Länner togen dorhen. In de Wetterau bi Friedbarg bemööt sik de Bischop vun Trier mit sien Gefolg Ulenspegel, de op de Weg na Frankfort weer. Wiel he sünnerbor kledet weer, fraag em de Bischop, wat för en Gesell he is. Ulenspegel anterte:

»Gnädige Herr, ik bün en Brillenmaker un kumm ut Brabant. Man dor gifft dat nix för mi to doon, un so wannere ik na Arbeit. Üm uns Handwark steiht dat slecht.«

De Beschop sprook:

»Ik glövte, mit dien Handwark müsst dat vun Dag to Dag beter warrn. De Lüüd warrn doch dääglich mehr krank , köönt veel slechter sehn un bruken mehr Brillen.«

Ulenspegel see to de Bischop:

»Jo, gnädige Herr, juuch Gnaden seggt de Wohrheit, man ene Saak verdarvt uns Handwark.«

»Wat is dat?« fraag de Bischop.

Ulenspegel sprook:

»Dörv ik dat seggen, ahn dat juuch Gnaden vergrellt sünd?«

De Bischop mente:

»Jo, wi sünd dat wennt vun di un Lüüd so wie du een büst. Segg dat man bloots free rut, ik bün nich bang!«

»Gnädige Herr, dat verdarvt dat Brillenhandwark un ik vermod, dat dat utstarvt, wiel ji un annere grote Herren, Paapst, Kardinaal, Bischop, Kaiser, König, Fürsten, Raat, Regeren un Richters vun de Städer un Länner (Gott erbarm sik!) in disse Tiet dörch de Finger sehn, un wat recht is, vun Geld un Gaven afhangt. Aver vör ole Tieden kunn man schreven, dat de Herren un de Fürsten, so veel dat ok geev, in de Rechtsböker lesen un studerten, dormit nüms en Unrecht schehn weer. Dorto brukten se vele Brillen un dat gung uns Handwark goot. Ok studerten de Papen do mehr as hüüt, so gungen de Brillen weg.

Nu sünd se so studeert vun ehre Böker, de se köpen, dat se dat utwennig löönt, wat se för sik bruken. Ehre Böker aver slaagt se in veer Weken nich mehr as eenmol op. Üm dat is uns Handwark verdorven un ik loop vun een Land in dat annere un kann narms Arbeit finnen. De Afstört is al so wiet verbredet, dat de Buern op't Land dat ok al so maken un dörch de Finger kieken.«

De Bischop verstunn de Text un sprook to Ulenspegel:

»Gah mit uns na Frankfort, wi wüllt di uns Wapen un Kledaasch geven.« Dat dee Ulenspegel un bleev bi de Bischop, bet de Graaf as Kaisser attestert worrn weer. Achterna toog he wedder na Sassen.

64. Historie

Ulenspegel verdüng sik bi en Koopmann in Hilmessen as Kock un Stuvenböter

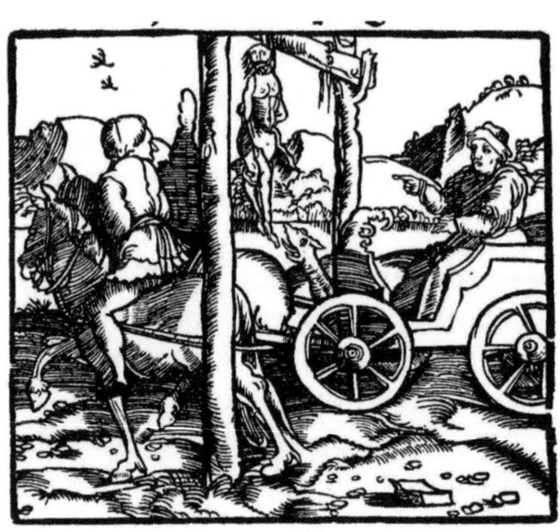

Rechter Hand in de Straat, de in Hilmessen vun de Haumarkt kümmt, wahnte en rieke Koopmann. De gung eens vör dat Door spazeren un wull to sien Goorn gahn. Ünnerwegens funn he Ulenspegel op en gröne Acker liggen. He gröt em un fraag, wat för en Handwarksgesell he is un wat för'n Gewarf he bedrifft. Ulenspegel geev em mit heemliche Spott de kloke Antwoort, he west en Kökenjung un harr kene Arbeit. Do sprook de Koopmann to em:

»Wenn du düchtig büst, will ik di sülven opnehmen un geev di niege Kledaasch un en gode Lohn. Denn ik heff ene Fru, de steiht jede Dag in de Köök un mutt kaken, un ik meen, dat se mi dorför danken warrt.«

Ulenspegel lövte em grote Tro un Verlaat to. Dorophen stellte de Koopmann em in un fraag em na sien Naam.

»Herr, ik heet Bartholomeus.«

De Koopmann see:

»Dat is en lange Naam, de kann ik nich goot utspreken. Du schallst Doll heten.«

Ulenspegel anterte:

»Jo, leve Junker, mi is dat egal, wosück ik heet.«

»Na denn,« sprook de Koopmann, »du büst mi en rechte Knecht. Kumm her, kumm her, gah mit mi in mien Goorn. Wi wüllt Krüder mit na Huus nehmen un junge Höhner dormit füllen. Denn ik heff för de tokamen Sünndag Gäst inlaadt, de will ik geern wat Godet tokamen laten.«

Ulenspegel gung mit em in de Goorn un sneed Rosmarin. Dormit wull he en poor Höhner op welsche (franzöösche) Oort füllen, de restlichen mit Zibbeln, Eier un annere Krüder. Dorna gungen se gemeen na Huus.

As nu de Fru de abasig kledet Gast seeg, fraag se ehr Ehmann, wat dat för en Gesell is, wat he mit em doon wullt un of he bang is, dat dat Broot schimmelig warrt, wiel he en unnödige Eter mitbröcht hett. De Koopmann see:

»Fru, wees tofreden. He schall dien egen Knecht sien, he is en Kock.«

De Fru weer inverstahn:

»Jo, mien leve Mann, he schall woll gode Dinger kaken.«

»Wees tofreden,« see de Mann, »morgen warrst du sehn, wat he kann.«

Denn reep he Ulenspegel:

»Doll!«

De anterte:

»Junker?«

»Nimm en Sack un gah mit to de Slachters op de Markt. Wi wüllt Fleesch un en Braden halen.«

Do gung Ulenspegel mit em. De Junker köff Fleesch un en Braden un see to Ulenspegel:

»Doll, sett de Braden fröh morgens op un laat em köhlig un sacht braden, dat he nich verbrennt. Dat annere Fleesch legg ok rechtiedig dorto, dormit dat to'n Anbiet goor is.«

Ulenspegel see ›Jo‹, stunn fröh op un sett de Spies op't Füer. De Braden aver dee he op en Speet un leed em mang twee Faten Einbecker Beer in de Keller, dormit he köhlig liggt un nich anbrennt.

De Koopmann harr de Stadtschriever un annere gode Frünn as Gäst inlaadt un wull nasehn, of de Gäst al kamen weren un dat Eten fardig is. He fraag sien Knecht un kreeg de Antwoort:

»Allens is praat, bet op de Braden.«

»Wo is de Braden?« fraag de Koopmann.

»De liggt in de Keller mang twee Faten. Ik wüss in't Huus keen köhlere Stell, üm en koolt to leggen, as se dat seggt harrn.«

»Is he denn goor bradet?« fraag de Koopmann.

»Nee,« sprook Uplenspegel, »ik wüss jo nich, wannehr ji em hebben wullt.«

Intwüschen kemen de Gäst un de Koopmann vertellte vun sien niegen Knecht un dat de Braden in de Keller leggt hett. Doröver lachten se un helen dat för en gode Spaaß. Man de Fru weer wegen de Gäst nich tofreden un födderte vun ehr Ehmann, de Knecht ruttosmieten.Se wull em in't Huus nich mehr hebben, se seeg, dat he en Sluusohr weer. De Koopmann aver see:

»Leve Fru, wees tofreden. Ik bruk em för ene Reis na de Stadt Goslar. Wenn ik wedder torüch bün, warr ik em op de Straat setten.«

Dat weer nich eenfach, de Fru rümtokregen, dat se tofreden weer. As se denn avends tosamen seten, eten , drunken un gode Dinger weren, see de Koopmann:

»Doll, richt de Wagen her un smeer em! Morgen wüllt wi na Goslar fohren. En Paap, Herr Hinnerk Hamenstede, is dor to Huus un wil mit uns fohren.«

Ulenspegel see »Jo« un fraag, wat för ene Smeer he nehmen schull. De Koopmann smeet em een Schilling to un see:

»Gah un kööp Wagensmeer un laat de Fru olet Fet dorto doon!«

Ulenspegel dee dat un as all slepen, besmeerte he de Wagen binnen un buten un op mehrst dor, wo man sitten müss.

Fröh an annern Morgen stunnen de Koopmann un de Paap op un wiesen Ulenspegel an, de Peer intospannen, wat he ok dee. Se seten op un föhren los. Do fung de Paap an un fraag:

»Wat to'n Galgen is hier so fettig? Ik will mi fastholen, dat de Wagen mi nich so schüddelt, man ik besmeer mi miene Hänn överall.«

Se leten Ulenspegel anholen un seen to em, dat se achtern un vörn fullsmeert sünd un worrn füünsch op em. Wieldat keem en Buer mit en Foder Stroh vörbi, de to'n Markt wull. Se köffen em en poor Packens af, wischten de Wagen ut un seten wedder op. De Koopmann weer in Raasch un see to Ulenspegel:

»Du gottverlatene Halunk, du schallst dien Leevdag keen Glück hebben! Fohr foort an de lichte Galgen!«

Dat dee Ulenspegel. As he ünner de Galgen ankeem, stoppte he un spannte de Peer ut. Do fraag de Koopmann:

»Wat wullt du maaken or wat meenst du dormit, du Schelm?«

Ulenspegel anterte:

»Ji harrn mi seggt, ik schull ünner de Galgen fohren.Dor sünd wi nu. Ik dacht, wi wullt hier verpuusten.«

De Koopmann keek ut de Wagen un seeg, dat se ünner de Galgen stunnen. Wat schullen se doon? Se lachten över disse Spijöök un de Koopmann see:

»Spann wedder an, du Schelm, fohr graaadut un kiek di nich üm!«

Nu toog Ulenspegel de Pluck ut de Landwagen un as he ene Ackerläng fohren weer, gung de Wagen utenanner. Dat Achterdeel mit dat Deck bleev stahn un ULenspegel fohr alleen wieder. Se repen em na un lepen, dat jem de Tungen ut de Häls hungen, bet se em inhelen.De Koopmann wull em dootslaan un de Paap hölp em, so goot he kunn.

Nu, letzten Enns, kregen se ehr Reis fardig un kemen wedder na Huus. De Fru fraag, woans em dat gahn weer.

»Abasig noog!« see de Koopmann, »man wi sünd wedder to Huus.«

He reep Ulenspegel to sik:

»Kumpaan, ene Nacht kannst du noch hier blieven, eet un drink di vull un morgen rümst du dat Huus. Ik will di nich länger hebben, du büst en bedregerische Halunk!«

Ulenspegel see:

»Leve Gott, ik do allens, wat ik schall, man ik kann keene-en Dank verdenen. Doch wenn ju mien Deenst nich toseggt, will ik ju norgen na juuch Wöör dat Huus rümen un wan-nern.«

De Koopmann weer tofreden un see:

»Jo, dat do so!«

An de annere Morgen stunn de Koopmann op un see to Ulenspegel:

»Eet un drink di satt un sliek di! Ik will in de Kark gahn. Laat di hier nich wedder sehn!«

Ulernspegel aver sweeg. Sobald de Koopomann ut dat Huus weer, fung he an to rümen. Stöhl, Dischen, Bänk un wat he dregen un trecken kunn, bröch he op de Straat, dorto allens Kopper- un Tinngeschirr un dat Wass. De Navers wunnerten sik, wat dat woll to bedüden harr, dat he all de Saaken op de Straat bröch. Nagraad hörte dat ok de Koop-mann un de keem in flegen Hast torüch un see to Ulenspegel:

»Wat maakst du dor? Du büst jo jümmers noch in mien Huus!«

»Jo, Junker, ik wull eerst noch juch Willen nakamen, dat Huus to rümen un achterna to wannern.«

Un he födderte de Koopomann op:

»Faat se mol mit an, de Tunn hier is mi to swoor, ik kann se alleen nich böhren.«

»Laat se liggen!« sprook de Koopmann, »un scheer di to'n Düvel! De Saken hebbt mehr köst, as dat man se eenfach in de Stratenschiet smieten kunnt!«

»Leve Herrgott, is dat nich en grotet Radel? Ik do allens, wat man mi seggt, doch ik kann narms Dank kregen. Dat bedröövt mi nich, denn ik bün in ene unglückliche Stünn boren.«

Ulenspegel gung foort un leet de Koopmann all de Saken wedder rindregen, de he rutdragen harr.

Un de Navers stunnen dorbi un lachten.

65. Historie

En Peerhannelsmann toog in Wismar Ulenspegels Peerd de Steert ut

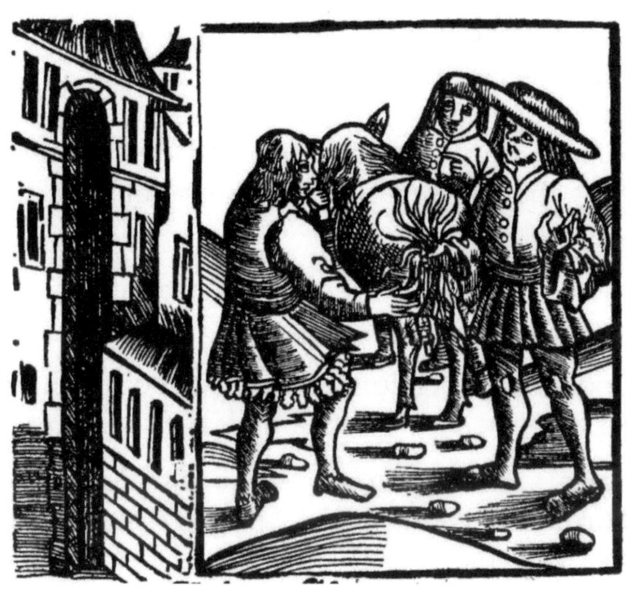

En listige Spijöök maak Ulenspegel mit en Peerhannels-
mann in Wismar an de Oostsee. Dorhen keem alltiet een
Rosstüscher, de köff keen Peerd ahn to schutern un dat
Krqck an de Steert to trecken. Dat dee he ok bi de Peer, de he
nich köff. An't Trecken wull he marken, of dat Peerd lang le-
ven warrt. Un dat gung so: stunn dat lange Hoor loos in de
Steert, so köff he dat nich, wieldat dat Deert nich lang leven
wörr. Stunn aver dat Hoor fast, so warrt seggt, warrt dat Pe-
erd lang leven, is vun deftige Natuur un he köff dat. Dat weer
in Wismar so begäng, dat deen all Peerhannelslüüd.

Dat kreeg Ulenspegel mit un he dacht, de muttst du en Un-
döög spelen, egal wat dat is, dormit disse Blöödsinn in dat
Volk ophört. He verstunn en beten vun de swatte Kunst un
richtete en Peerd so her, as he dat hebben wullt. Dormit gung
he na de Markt un bood dat Peerd so düer an, dat keeneen
em dat afköfft, bet de Rossstüscher keem un dat Peerd an de
Steert toog. De bood he dat Deert för en Appel un en Ei an.
De Koopmann seeg, dat dat en schönet Peerd un sien Geld
weert is, gung hen un wull et fast an de Steert trecken. Man
Ulenspegel harr dat so inricht: sodraad de Hannelsmann an
de Steert toog, harr he em in de Hänn un dat seeg ut, as wenn
de Steert ruttrocken weer.

De Rosstüscher stunn belemmert un töögsam dorbi, man
Ulenspegel reep:

»Schann över disse Halunk! Seht, leve Börgerslüüd, wat he
mien Peerd veräppelt un verschannelt hett!«

De Börgers lepen hento un segen, dat de Koopmann de
Peersteert in siene Hänn heel. Dat Peerd harr kenen Steert
mehr un de Koopmann harr Bammel. Do mengelten sik de
Lüüd in un sorgten dorför, dat de Koopmann Ulenspoegel
teihn Gulden geev un de sien Peerd beholen kunn.

Ulenspegel reed mit sien Peerd foort un sett de Steert
wedder an. De Rosstüscher aver toog vun disse Tiet an keen
Peerd mehr an de Steert.

66. Historie

In Lünborg spelte Ulenspegel en Piepenmaker en böse Striek

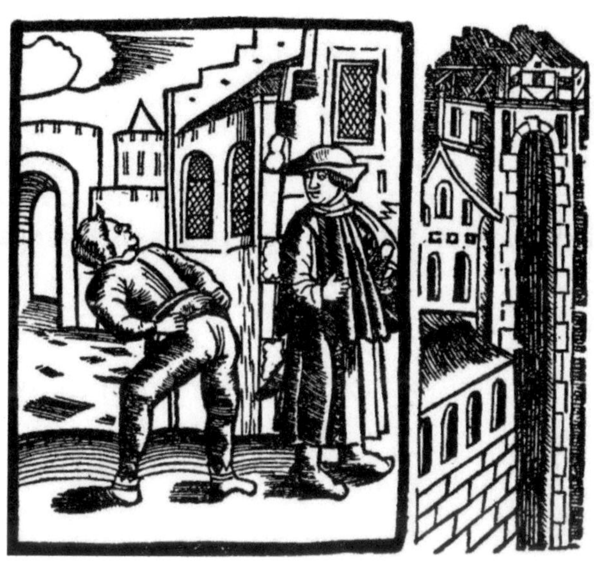

In Lünborg wahnte en Piepenmaker, de weer fröher en Tip-
pelbroder un Wannermuskant un harr as Göökler sien
Geld verdent. De seet inst bi't Beer in ene grote Sellschop un
Ulenspegel keem ok dorto. De Piepenmaker wull sik mit
Ulenspegel en Spaaß maken, laad em in un see:

»Kumm morgen to Middag un eet mit mi, wenn du
kannst.«

Ulenspegel see »Jo«, dacht sik nix dorbi un keem annern-
dags as Gast to de Piepenmaker. As he dor ankeem, weren de
Döör baven un ünnen toslagen un all Fenstern to. Ulenspegel
gung vör de Döör op en dal, twee- or dreemol, so lang, bet et

Namiddag weer. Dat Huus aver bleev alltiet to un he wüss, dat he ansmert wörr. He leep weg un sweeg still bet an anneren Dag. Do keem ULenspegel to de Piepenmaker op de Markt un fraag

»Leve Mann, is dat hier begäng, dat ji Gäst inlaadt, weggaht un de Döör baven un ünnen afsluut?«

De Piepenmaker see:

»Hest du nich hört, wat ik di seggt harr? Ik see, kumm morgen to Middag un eet wat mit mi, wenn du kannst. Du funnst de Döör afsluten un so kunnst du nich ringahn un ok nich eten!«

Ulernspegel see.

»Dank ok! Disse Spaß kannte ik noch nich, ik lehr noch alle Daag!«

De Piepenmaker lacht un see:

»Ik will dat nich överdrieven, gah nu hen, miene Döör steiht apen. Du finnst Kaktet un en Braden an't Füer. Gah al vörut, ik will di nakamen; du schallst alleen sien, ik will keeneen anneren Gast mehr hebben as di.«

Ulenspegel dacht, dat dat goot warrt, gung swind to dat Huus vun de Piepenmaker un funn allens so, as de em dat seggt harr. De Magd wennte de Braden un de Huusfru gung rüm un richt dat Eten an. Ulenspegel keem in't Huus un see to de Fru, se schull mit ehre Deern flott to ehren Mann lopen, de harr en grote Fisch, en Stör, schenkt kregen, de he nich alleen dregen kunn. In disse Tiet wull Ulenspegel de Braden wennen. De Frau see:

»Jo, leve Ulenspegel, ik will mit de Deern losgahn un snell wedder torüch sien!«

Un Ulenspegel födderte se op:

»Loopt flink!«

De Fru un ehr Deern lepen to'n Markt, de Piepenmaker keem se towedder un fraag, wat se so peesen. Se vertellten, dat Ulenspegel in't Huus kam en weer un se schullen to'n Markt gahn un helpen, en grote Fisch to dregen, de de Mann schenkt wörr. De Piepenmaker worr füünsch un schull mit siene Fru:

»Kunnst du nich in't Huus blieven? Dat hett he nich ümsünst daan, dor is en Undöög achter!«

Intwüschen harr Uolenspegel de Döör baven un ünnen afrslaten. As de Piepenmaker mit siene Fru un de Magd ant't Huus ankemen, weer de Döör dicht. He see to siene Fru:

»Nu sühst du woll, wat du för en Stör halen schullst!«

un se kloppten an de Döör. Ulenspegel gung an de Döör un reep:

»Laat dat Kloppen, ik laat keeneen rin. De Weert hett mi dat befahlen un versproken, ik schall alleen hier binnn sien. He wull keen anneren Gast hebben, bloots mi. Gaht weg un kaamt na dat Eten wedder!«

De Piepenmaker sprook:

»Dat is wohr, dat harr ik seggt, aver ik harr dat nich so meent! Also laat wi em eten, ik will em dat mit en annere Undöög torüchbetahlen!«

He gung mit siene Fru un de Magd in't Naverhuus un dor tövten se so lang, bet Ulanspegel fardig weer.

Ulenspegel kaakte dat Eten goor, sett allens op de Disch, eet sik vull un füllte na, solang em dat smeckte. Do sloot he de Döör op un leet se apen stahn. De Piepenmaker keem un see:

»So bedriggt sik keen anstännige Mann, wat du daan hest, Ulenspegel!«

»Schullt ik dat to tweet doon, wat ik alleen doon schull? Wenn ik alleen to Disch beden warr un ik bring noch annere Gäst mit, dat wörr de Weert nich behagen,«

un he gung mit disse Wöör ut dat Huus. De Piepenmaker seeg em na:

»Di puul ik noch mal enen bi, egal wat för en Sluusohr du büst!«

Ulenspegels Antwoort:

»De Best schall de Meester sien!«

De Piepenmaker leep stantepee to de Afdecker un see, dat in de Harbarg en ornliche Mann is, de heet Ulenspegel. De sien Peerd is doot bleven un dat schall he afhalen un he wies em dat Huus. De Schinner kannte de Piepenmaker goot un versprook, dat to doon. Mit sien Schinnerkoor föhr he to de Harbarg, de de Piepenmaker em wiest harr un fraag na Ulenspegel. De keem vör de Döör un fraag, wat he wull. De Afdecker see:

»De Pieenmaker is bi mi west un hett mi seggt, dat ehr Peerd doot is un dat schall ik afhalen.«

Un he fraag ok noch, of he Ulenspegel heet un of dat allens so richtig is.

Ulenspegel dreihte sik üm, toog siene Büx rünner, wies em de blote Moors un see:

»Kiek her un bestell de Piepenmaker, wenn Ulenspegel nich in disse Gass sitt, so weet ik ok nich, in welkeen Gass he sitt!«

De Schinner worr fuchtig un föhr mit sien Schinnerkoor vör dat Huus vun de Piepenmaker un leet de Koor do stahn. He gung in't Huus un verklagte em, so dat de em teihn Gulden geven müss.

Ulenspegel aver harr sien Peerd saddelt un reed ut de Stadt.

67. Historie

Ulenspegel warrt vun ene ole Buersfru verspottet, wiel he siene Tasch verloren hett

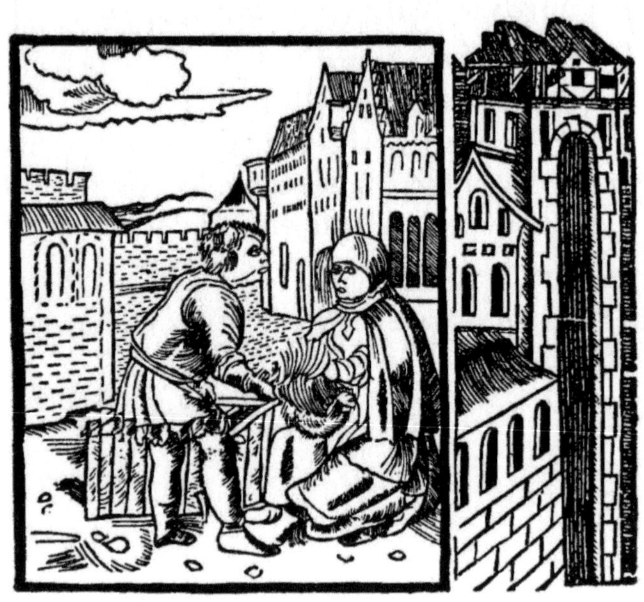

V ör ole Tieden levte in Gerdau in dat Land Lünborg en olet Ehpoor, de bald 50 Johren verheiradt weren. Se harrn ok grote Kinner, de al verheiradt un versorgt weren. Nu weer to de Tiet in de Parr en heel plietsche Paster, de alltiet geern dorbi weer, wo man prasste un slömte. Disse Paap heel dat mit siene Parrkinner so, dat jede Buer em un siene Huushöllersch eenmol in't Johr för een or twee Daag op't Best as Gäst beweerten müss.

Nu harrn de twee olen Lüüd in de velen Johren kene Karkmess, Kinddööp or en anneret Gästmahl afholen, wo de Paap slömen kunn. Dat verdrütt em un he dacht na, woans he de Buer dorto bringen kunn, em ene Inladen to schicken. Also schickte he en Baad un leet de fragen, wo lang he al mit siene Fru in de Ehstand levt. De Buer anterte de Paap:

»Leve Herr Paster, dat is so lang, dat ik dat vergeten heff.«

De Paap meente:

»Dat is aver en gefährliche Stand för juch Seelheel. Wenn ju föfftig Johren bienanner sünd, is de Ehswoor ungüllig as bi en Mönk in en Klooster. Besprick dat mit diene Fru un kumm denn wedder to mi un bericht mi över de Dingen, dat ik ju raden helpen kann to de Seligkeit vun juch Selen. Dorto bün ik för all miene Parrkinner verpflicht.«

Dat dee de Buer un se dachten na, man se kunnen nich akkerat de Paster de Duer vun ehr Ehstand seggen. In grote Sorg kemen se to em, dormit he se wegen ehre Unwöördigkeit en goden Raat geven schull. De Paap see:

»Wieldat ju kene naue Tall weet, so will ik ju ut Sorg üm juch Selen an de tokamen Sünndag noch mal wedder tosamengeven, wenn ju nich in de Ehstand sünd un denn wedder rinkaamt. Dorüm slacht en gode Oss, enSchaap un en Swien, bidd diene Kinner un de goden Frünn to de Mahltiet un beweerte se goot, ik warr denn ok bi di sien.«

»Ach jo, leve Paster, dat doot se man. Dat schall mi an fief Dutz Höhner nich liggen. Wenn ik mit miene Fru so lang bienanner west un nu nich mehr in de Ehstand bün, dat west nich goot!«

De Buer gung na Huus un fung mit de Anstalten an. De Paap aver laad en Barg vun Prälaten un Papan in, mit de he goot bekannt weer. Mang de weer ok de Probst vun Ebstorf, de alltiet en staatschet Peerd or sogor twee Peer harr un ok geern bi't Eten dorbi weer. Bi de levte Ulenspegel al ene Tiet lang un de Probst see to em:

»Stieg op miene junge Hingst un ried mit, du warrst willkamen sien!«

Dat dee Ulenspegel. As se ankemen eten un drunken se un weren vergnöögt. De ole Fru, de de Bruut sien schull, seet baven an de Disch, wo jümmers de Brüüd sitten. As se mööd un swach worr, leet man se rut. Se gung achter ehr Hoff an de Beek Gerdau un sett ehre Fööt in't Water. Wieldat reden de Probst un Ulenspegel torüch na Ebstorf. As se an de ›Bruut‹ vörbi kemen, wull sik Ulenspegel mit de junge Hingst opspelen. He leet em hoge Sprüng maken un dee dat so lang, bet em sien Gördel mit de Tasch vun de Siet rünner full.

As dat de gode, ole Fru seeg, stunn se op, nehm de Tasch, gung wedder an 't Water un sett sik op de Tasch. Ulenspegel weer al ene Ackerläng wieder reden, do fehlte em siene Tasch. He reed wedder na Gerdau torüch un fraag de ole Fru, of se ene ole struve Tasch sehn or funnen hett. De ole Fru sprook:

»Jo, mien Fründ, bi miene Hochtiet harr ik ene struve Tasch kregen, de heff ik jümmers noch un sitt dor op, is dat disse Tasch?«

»Oho, dat is lang her, dat du ene Bruut weerst,« see Ulenspegel, »dat mutt woll ene ole rusterige Tasch sien. De will ik nich hebben.«

Un so warrt de sünst so listige Ulenspegel vun ene ole Buersfru to'n Narren holen - siene Tasch aver weer weg.

Disse struven Taschen hebbt de Fruunslüüd inGerdau hüüt noch. Ik glöv, dat de olen Weetfruuns de opbewohren. Wokeen wat doran liggt, kann dor fragen.

68. Historie

In Uelzen bedroog Ulenspegel en Buer üm en grönen engel-
schen Stoff, wieldat he em övertüügte, dat de blau weer

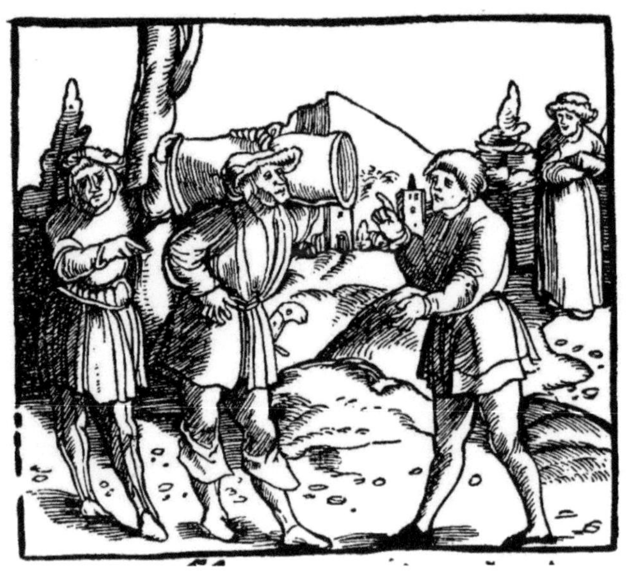

K aktet un en goden Braden wull Ulenspegel alltiet eten,
man he müss kieken, wo he dat herkreeg. Eenmol keem
he to en Johrmarkt na Uelzen, wo ok vele Lüüd ut dat Wend-
land un anner Buernvolk henkemen. He gung hen un her un
seeg sik överall üm, wat dor woll to doon weer. Dorbi seeg
he, dat en Buersmann en grönet engelschet Dook köff un dor-
mit na Huus gahn wull. He överleed, de Buer üm dat Dook to
bedregen un fraag na dat Dörp, wo de Buer to Huus weer. He
nehm enen Wannerprediger un en Tippelbroder mit sik un
gung ut de Stadt op de Weg, de de Buer lang kamen schull.
He verklorte de beiden, wat se doon schullen, wenn de Buer

222

mit dat Dook ankeem: se schullen sik jeder ene halve Acker-
läng wiet weg an de Wegrand in Richt to de Stadt stellen . Wenn denn de Buer mit de Stoff kummt, müssen se bloots seggen: » Dat Dook is blau.«

As nu de Buer op de Heimweg mit sien Stoff ut de Stadt keem, fraag Ulenspegel em, wo he dat schöne blaue Dook köfft hett. De Buer anterte, dat is gröön un nich blau. Ulen-spegel seeg, dat dat Dook blau un nich gröön is un he wull 20 Gulden wedden. Un de tokamen Person, de henlang de Weg keem un de blau un gröön ünnerscheden kann, schull se dat seggen un se denn tofreden weren.

Ulenspegel geev de Tippelbroder en Teken, dat de kamen schull. To de sprook de Buer:

»Fründ, wi twee sünd uns nich enig över de Farv vun dis-sen Stoff. Segg de Wohrheit: is dat gröön or blau. Diene Ant-woort schall gellen!«

De Tippelbroder see:

»Dat is en recht schönet blauet Dook.«

De Buer aver weer dormit nich tofreden:

»Nee, ji sünd twee Halunken, ji hebbt dat villicht dorop anleggt, mi to bedregen.«

Ulenspegel anterte:

»Wohlan, dormit du sühst, dat ik Recht heff, will ik nage-ven. Wi wüllt mit de frame Preester, de dor kümmt noch enen Versöök maken un wat de seggt, schall gellen.«

Dormit weer ok de Buer tofreden. As de Paap ankamen weer, sprook Ulenspegel:

»Herr seggt recht, welke Farv hett disset Dook?«

»Fründ, dat seht ji doch woll sülvst!«

De Buer dorophen:

»Jo Herr, dat is wohr! Man de beiden hier wüllt mi wat in-reden, un ik weet, dat dat lagen is!«

De Preester see:

»Wat heff ik mi juch Striet to doon, wat fraag ik dorna, of dat swatt or witt is!«

»Ach leve Herr,« sprook de Buer, »bringt uns Striet to Enn, ik bidd se dorüm!«

»Wenn ji dat so hebben wüllt,« see de Paap, »so kann ik nix anneret sehn, as dat dat Dook blau is.«

Ulenspegel högte sik:

»Hörst du dat woll? Dat Dook is mien!«

De Buer geev na:

»Herr, wenn ji nich en geweihte Preester west, wörr ik glö-ven, dat ji lüggt un dat ji all dree Sluusohren sünd. Aver wiel se en Preester sünd, mutt ik se dat glöven!«

Un he geev Ulenspegel un siene Kumpanen de Stoff , mit de se sik för de Winter inkledeten. De Buer ave müss mit sie-ne pulterige Mantel na Huus gahn.

69 Historie

Ulenspegel scheet in Hannober in de Baadstuuv »Huus de Rennlichkeit«

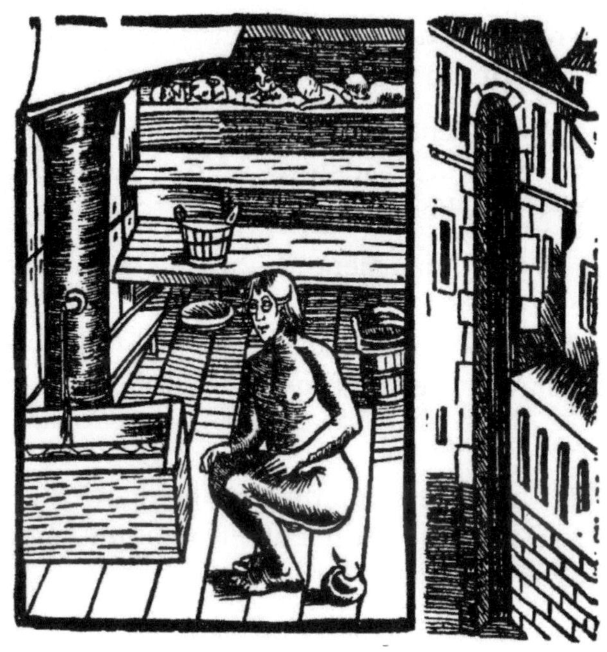

In Hannober vör dat Leinedoor wull en Bader nich, dat sien Huus »Baadstuv« nömt warrt, sünnern »Huus de Rennlichkeit«. Dat hörte Ulenspegel un as he na Hannober keem, gung he in disse Baadstuuv, toog sik ut un see, as he in de Stuuv treed:

»Gott gröt ju, Herr un juch Gesinn un all jenne, de ik in disse reine Huus finn.«

De Bader weer dat leef, he heet em willkamen:

»Leve Gast, ji seggt mit Recht, dat is hier en reinet Huus. Et is ok en ›Huus de Rennlichkeit‹ un kene ›Baadstuuv‹. Denn de Mull is in de Sünn un ok in de Eer, in de Asch un in de Sand.«

Ulenspegel see:

»Dat dit en Huus de Rennlichkeit is, is apenkünnig, denn wi gaht schietig rin un kaamt rein wedder rut.«

Mit disse Wöör scheet Ulenspegel en grote Hupen an de Watertrog merrn in de Baadstuuv, so dat dat in de ganze Stuuv stunk. Do see de Bader:

»Nu seeg ik woll, dat diene Wöör un Daten nich desülven sünd. Diene Wöör weren moi, man diene Daten behagen mi nich; diene Wöör weren ornlich , aver diene Warken stinken övel. Schall man dat in en ›Huus de Rennlichkeit‹ doon?«

Ulenspegel anterte:

»Is dat hier nich eh Huus de Rennlichkeit? Ik harr binnen en grötteren Drang na Rennlichkeit as buten, sünst weer ik nich hier ringahn.«

De Bader weer dormit nich tofreden:

»Disset Reinmaken mutt man op de Aftritt doon! Dit aver is en Huus de Rennlichkeit, ene Sweetkamer, un du maakst en Schiethuus dorut!«

»Is dat nich Dreck, de vun en Minschenlief kümmt? Will man sik reinmaken, so mutt man sik binnen un buten reinmaken!«

De Bader worr füünsch:

»So wat deiht man in't Schiethuus un de Afdecker föhrt dat na de Schietkuhl, nich ik! Dat feg or wasch ik ok nich weg!«

Na disse Wöör wies he Ulenspegel ut de Baadstuuv rut. De aver beed:

»Herr Weert, laat mi vörher för mien Geld noch baden. Ik geev ju veel Geld un ik will goot baden.«

De Bader see, he schullt ut de Stuuv rutgahn, he wull sien Geld nich. Un wenn he nich gahn will, wörr he em de Döör wiesen! Hier is slecht gegenan to strieden, dacht Ulenspegel, naakt gegen scharpe Raseermessers, gung ut de Döör rut un see:

»Wat heff ik för en Dreck woll badet.«

He toog sik in de Stuuv an, wo de Bader mit siene Deensten to eten plegen. Dor aver harr em de Bader insparrt , wiel he em verschrecken wull un drauhte mit de Fastnahm. Man he drauhte bloots dormit. Ulenspegel dacht, he har sik in de Baadstuuv noch nich noog reinigt. He seeg en tosamenleggte Disch, klappte em op, scheet een Hupen rin un klappte em wedder to.

Korte Tiet later leet em de Bader rut un se verdregen sik wedder. To'n Afscheed see Ulenspegel to em:

»Leve Meester, in disse Stuuv heff ik mi eerst ganz reinigt. Denkt goot an mi, bevöör dat Middag warrt. Ik slieker mi nu weg.«

70. Historie

Ulenspegel köff in Bremen vun de Landfruuns Melk un schüddete se tosaamen

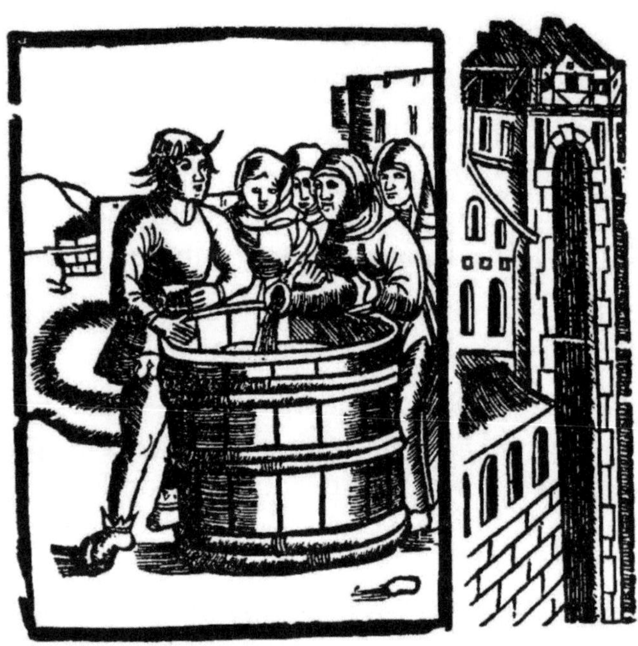

Abasige un spaßige Dinger dreev Ulernspegel in Bremen. Denn eens keem he dor op de Markt un seeg, dat de Buersfruuns veel Melk henbröchen. He tövte op enen Marktdag, wo veel Melk tosamenkeem. He nehm ene grote Bütt, sett se op de Markt un köff all Melk, de op de Markt keem un leet se in de Bütt schüdden. He schreev ringsüm för jede Fru de Schoof op, de se bröcht harr, de ene so veel, de annere so veel un see, dat se töven müssen, bet he siene Melk tosamen harr. Denn wull he de Fruunslüüd ehr Melk betahlen.

De Buersfruuns seten in en Krink üm em rüm. Ulenspegel köff so veel Melk, bet kene Fru mehr mit Melk keem un de Bütt mehrst vull weer. Do maak Ulenspegel sien Spaaß un see:

»Ik heff ditmol keen Geld dorbi. Wer nich veerteihn Daag lang töven will, kann siene Melk wedder ut de Bütt nehmen!«

Un he gung eenfach weg!

De Fruunslüüd fungen an, luuthals to schreen un ramentern. Ene behauptete, se hett so veel hatt, de annere so veel, de drüdde ok un so gung dat wieder. Dorbi smeten un slogen se sik mit Emmers, lütte Faten un Buddeln an de Köpp un goten sik de Melk in de Ogen, in de Kledaasch un op de Eer. Dat seeg ut, as wenn dat Melk regent harr!

De Börgerslüüd un all, de dat sehn harrn, lachten över de Spaaß, dat de Fruuns also to'n Markt gungen.

Un Ulenspegel warrt bannig löövt för sien Spijöök!

71. Historie

Ulenspegel geev twölf Blinde twölf Gulden, de se vertehrten

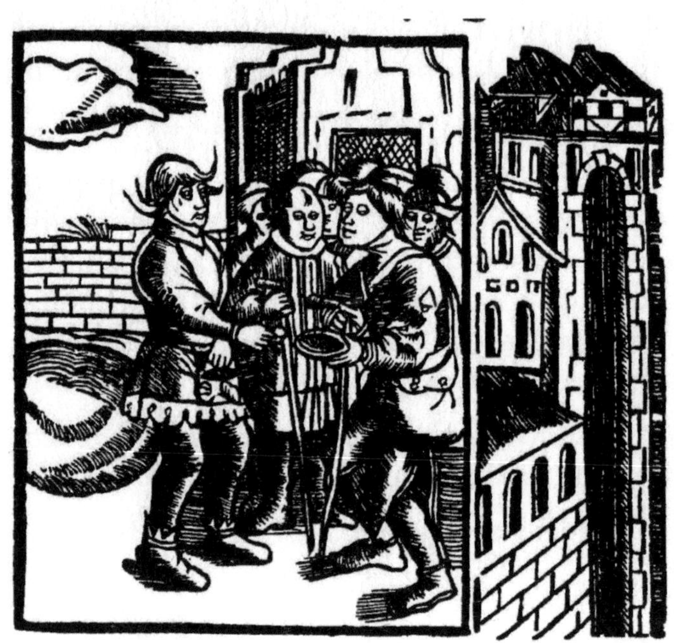

As Ulenspegel landop un landaf toog, keem he eens wed-
der na Hannober, un dor maak he vele sünnerbore
Aventüern. An een Dag reed he ene Ackerläng wiet vör dat
Door spazeren, do droop he twölf Blinde. As Ulenspegel to se
henkeem, fraag he:

»Wo kümmt ji her?«

De Blinden bleven stahn un hörten, dat he op en Peerd
seet. See dachten, dat he en ehrbare Keerl is, nehmen ehr
Kappen un Mützen af un seen:

»Wi weren in de Stadt, dor is en rieke Mannsminsch storven un man heel ene Mess un geev Spennen.«

Wiel dat so gresig koolt weer, sprook Ulenspegel to de Blinden:

»Dat is bannig koolt, ik heff Angst, ji freert ju doot. Kiekt her, hier hebbt ju twölf Gulden. Gaht wedder in de Stadt to de Harbarg, vun wo ik herkamen bün, un vertehrt disse twölf Gulden üm mienentwillen, bet de Winter vörbi is un ji wedder wannern künnt un nich freert.«

Un he beschreev jem das Huus. De Blinnen stunnen un bückten sik un dankten em vun Harten. Un de eerste Blinde dacht, de tweete harr dat Geld, de tweete dacht, de drüdde harr et, un de drüdde meente, de veerte harr et un so gung dat foort, bet de letzte dacht, de eerste harr dat Geld.

Also gungen se in de Stadt to de Harbarg, de Ulenspegel se wiesen harr. In de Harbarg vertellten se, dat en gode Mannsminsch vörbi reden weer un se ut Barm twölf Gulden schenkt harr, de schullen se üm sienentwillen vertehren, beet de Winter vörbi is. De Kröger weer en gierige Keerl, nehm se op un dacht aver nich doran, to fragen or natosehn, welkeen vun de Blinden dat Geld harr. He see:

»Jo, miene leven Bröder, ik will ju goot beköstigen.«

He fung an to slachten, maak Anstalten to kaken un leet de Blinden so lang eten, bet he dacht, dat se de twölf Gulden opzehrt harrn. Denn sprook he:

»Leve Bröder, wi wüllt afreken, de twölf Gulden sünd mehrst opbruukt.«

De Blinden seen ›jo‹ un jedereen fraag de annere, of he dat
Geld hett un de Weeert betahlen kann. De eerste harr de Gul-
den nich, de tweete ok nich, de drüdde un ok de veerte nich
un de letzte natüürlich ok nich. De Blinden süchten , klarrten
sik de Köpp un markten, dat se bedragen weren, genau so as
de Kröger. He seet dor un dacht:

»Laat ik de Blinden gahn, so warrt mi miene Kost nich be-
tahlt; behool ik se, eten un vertehren se noch mehr, un wiel se
nix betahlen köönt, heff ik de duppelte Schaden.«

So dreev he se mit Slääg na achtern in de Swienstall, sparr-
te se in un geev jem Stroh un Hau to'n Eten.

Ulenspegel dacht, dat dat woll de Tiet weer, wo de Blinden
de twölf Gulden opzehrt harrn. He verkleedt sik un reed na
de Stadt to de Weert in de Harbarg. As he in de Hoff keem un
sien Peerd to de Stall bringen wull, seeg he, dat de Blinden in
de Swienstall legen. He gung in't Huus un fraag de Kröger:

»Herr Weert, wat denkt ji juuch dorbi, dat de armen blin-
den Lüüd so in de Stall liggen? Barmt ju dat nich, dat se eten
möten, wovun Lief un Seel weh doon?«

De Weert anterte:

»Ik wull se weren dor, wo allet Water tosammenflütt, harr
ik man eerst dat Geld, wat se bi mi vertehrt harrn.«

Un he vertellte Ulenspegel, wat he mit de Blinden bedra-
gen worr. Ulenspegel fraag:

»Aver Herr Weert, worüm söökt ji nich en Börg för disse
Lüüd?«

De Kröger dacht na:

»Harr ik man een! Oh Fründ, finn ik enen, ik warr em woll annehmen un de unseligen Blinden lopen laten.«

»Na denn, « see Ulenspoegel, »ik warr mi in de ganze Stadt na en Börg ümhören un ümkieken.«

Un Ulenspegel gung to de Paap:

»Leve Herr Paster, ik bidd se üm en Fründschopdeenst. Siet hüüt Nacht hett de böse Geist mien Weert in Gríff un he lett ju bidden, em dorvun to befreen un de Geist uttodrieven.«

De Paster wull dat doon, man he müsst noch een or twee Daag töven, bi so ene Saak dörv man nix överielen. Do see Ulenspegel:

»Denn will ik lever de Fru vun de Kröger halen un se kö-nen ehr sülvst Bescheed geven.«

Dormit weer de Paster tofreden. Ulenspegel gung torüch to sien Kröger un vertellte em, dat he en Börg funnen harr:

»Dat is juuch Paster. He will dorför börgen un se dat ge-ven, wat ji hebben schöölt. Laat juch Fru mit mi to de Paap gahn. He will ehr dat persönlich verspreken.«

De Weert weer froh un siene Fru gung mit Ulenspegel to dat Parrhuus. To de Paster see Ulenspegel:

»Herr Paster, hier is de Weertsfru, seggt se ehr nu, wat se vörhen mi seggt un versproken harrn.«

De Paster see to de Fru:

»Jo, miene leve Fru, tövt man noch een or twee Daag, denn will ik ehr Mann helpen.«

De Fru weer tofreden, gung mit Ulenspegel wedder na Huus und vertellte de Kröger de Wöör vun de Paap. De Weert weer froh, sprook de Blinden frie vun ehre Schullen un leet se gahn. Ulernspegel maak sik reisefardig un reed weg.

An de drüdde Dag gung de Krögersche to de Paster un wull vun em de twölf Gulden hebben, de de Blinden vertehrt harrn. De Paster fraag:

»Leve Fru, hett juuch Ehmann dat so seggt?«

De Fru nickkoppte. De Paster see:

»Dat is de Egenoort vun en bösen Geist, dat he Geld hebben will!«

Dormit weer de Fru nich inverstahn:

»Dat is keen böse Geist, betahlen se em de Kost!«

Dorophen de Paster:

»Man hett mi seggt, de Kröger is in Griff vun de böse Geist. Halen se em her, ik will em mit Gottes Help de Geist utdrieven.«

De Krögersche worr fuchtig:

»Dat maken Sluusohren de legen, wenn se beetahlen schöölt! Mien Mann warrt di glieks wiesen, of en böse Geist in em fungen is; dat warrst du noch hüüt to föhlen kregen!«

Se leep na Huus un vertellte ehr Ehmann, wat de Paster seggt harr. De nehm sik Speten un Hellebarden un leep to dat Parrhuus. De Paster seeg dat un reep siene Navers to Help, segent sik un see:

»Kaamt un helpt mi, miene leven Navers! Disse Minsch hett de böse Geist in sik!«

De Weert aver see:

»Paster, överlegg di dat un betahl mi!«

Doch de Paap rögte sik nich un sloog bloots en Krüüz. Do wull de Weert op de Paap inslagen, man de Buern gungen dortwüschen un kunnen de beiden mit Möh utenanner bringen. So lang de beiden levten, mahnte de Kröger de Paap üm dat Geld an, un de Paster see, he is em nix schullig, wiel he de böse Geist in sik hett. He warrt em de aver noch uttrieven.

Dat gung so, bet an ehr Levensenn.

72. Historie

Ulenspegel betrüppelte in Bremen ut sien Moors en Braden,
de keeneen eten wull

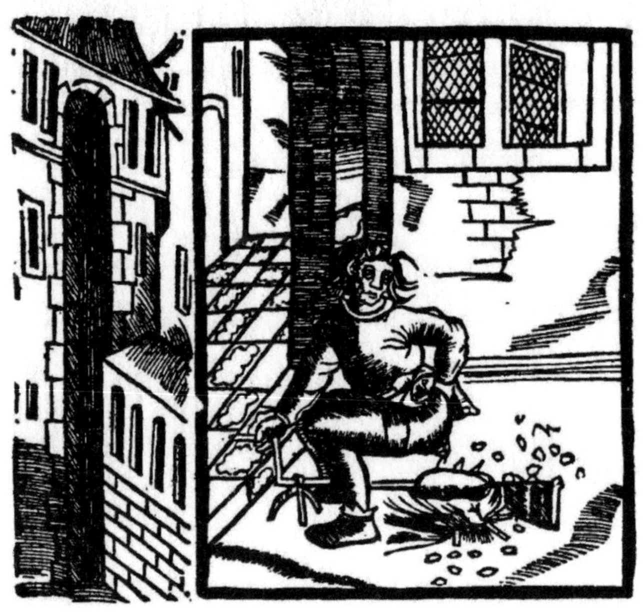

As Ulenspegel in Bremen sien Spaaß mit de Melk daan
harr, weer he in de Stadt heel bekannt un de Börgers-
lüüd müchen em woll lieden un wullen em wegen siene Spi-
jööken geern in Bremen beholen. Un Ulenspegel weer lang in
de Stadt.

Dor geev dat en Vereen vun Börgers , annere Inwahners
un Kooplüüd. Wenn de en Versammeln harrn, müss ener de
anneren to en Gelaag inladen in de Form, dat he en Braden,
Kees un Broot levern müss. Wer aver ahn Grund nich keem,

müss de Gastgever de Zech to Bremer Marktpriesen betahlen. Un to de Versammeln un dit Gelaag worr Ulenspegel as en Spaaßmaker inlaadt. Wieldat jümmers ener na de annere de Weert maken müss, keem de Reeg ok an Ulenspegel.

He laad siene Gäst in siene Harbarg in, köff en Braden un leed de in't Füer. As nu de Etenstiet dichter bi keem, dropen sik de Tehrgesellen op de Markt un besproken, dat se Ulenspegels Ehrgäst sünd un se fragen sik, of he överhaupt wat kaakt harr. Se wullen nich vergevens to em gahn. Se besloten, tosamen to de Harbarg to gahn, denn dat weer beter, wenn se de Spott tosamen annehmen as ener alleen.

As nu de Gäst an siene Döör kemen, nehm he en Stück Botter, klemmte sik dat achtern in siene Karv, kehrte sien Moors to dat Füer över de Braden un betrüppelte dat Fleesch mit de Botter ut siene Moorskarv. As nu de Gäst in de Döör stunnen un kieken wullen, of he wat kaakt harr, segen se, dat he bi dat Füer stunn un de Braden betrüppelte. Do sproken se:

»Laad di de Düvel as Gast in, wi eten disse Braden nich!«

Dorophen födderte Ulenspegel dat Betahlen vun de Zech, wat se all bannig geern deen, bloots üm nich vun de Braden eten to müssen.

73. Historie

*Ulenspegel seite in ene Stadt in't Sassenland Stenen ut un see,
dat weren Schälke*

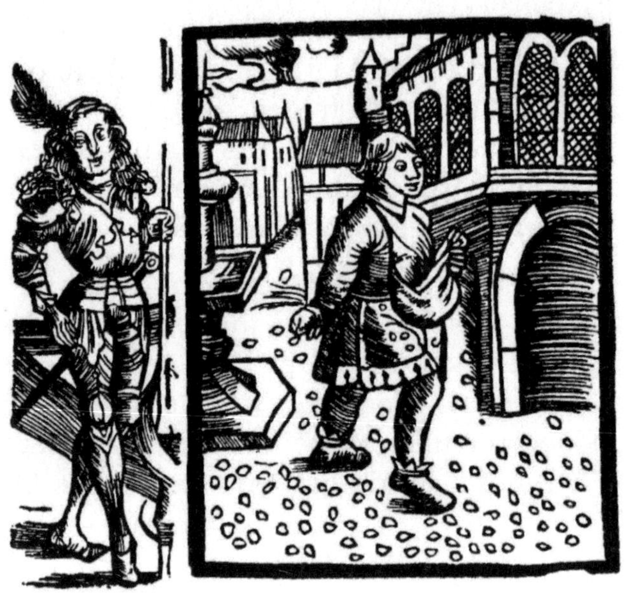

Bald dorna keem Ulenspegel in ene Stadt an de Weser un
seeg al de Striet mang de Börgerslüüd un wat ehr Vör-
hebben weren, so dat he all de Oort un Wiesen vun ehr Daten
kannte un wüss, wo dat üm de Gewarf un de Hannel stunn.
He harr dor veerteihn Harbargen un wat he sik in de ene ut-
lehnte, funn he in ene annere wedder; un he seeg un hörte
meist nix mehr, wat he noch nich wüss un de Börgers harrn
bald de Nees vun em vull. Ulenspegel weer se ok leed.

He sammelte an de Stroom lüttje Stenen, gung dormit op
de Twiet vör dat Raathuus op un af un seite siene Saat na bei-

238

de Sieden. Do kemen frömme Kooplüüd dorto un fragen, wat he dor seit, un Ulenspegel anterte:

»Ik sei Schälke.«

De Kooplüüd meenten:

»De bruukst du hier nich to seien, dorvun gifft dat hier mehr as goot is!«

Ulenspegel stimmte to:

»Dat is wohr. Man se leven in ehr Hüüs, se schullen beter buten rümlopen.«

Un de Kooplüüd fragen:

»Worüm seist du hier nich ok ehrliche, rechtschapene Lüüd?«

»Wiel eherliche Lüüd hier nich opgahn,«

anterte Ulenspegel. Man disse Wöör kemen vör de Raat. De leet Ulenspegel halen un befohl, he müss de Saat wedder opsammeln un denn de Stadt verlaten. Dat dee he ok un keem teihn Mielen wieder in ene annere Stadt un wull mit de Saat na Dithmarschen. Aver sien Roop weer em in de Stadt vörut ielt. So dörv he bloots in de Stadt kamen, wenn he swoor, mit siene Saat dörch de Stadt dörchtotrecken un dorbi nix to eten un to drinken.

Nu, anners gung dat nich, also harr he sik en Schipp hüert un wull sien Sack mit de Saat vun en Kraan op dat Schipp heven laten. As de nu vun de Eer hoochböhrt worr, reet he midden twei un de Sack undeSaat bleven liggen.

Ulenspegel leep foort, schull aver noch torüchkamen.

74. Historie

*Ulenspegel verdüng sik in Hamborg bi en Barbeer un gung
bi em dörch de Fensterschiev*

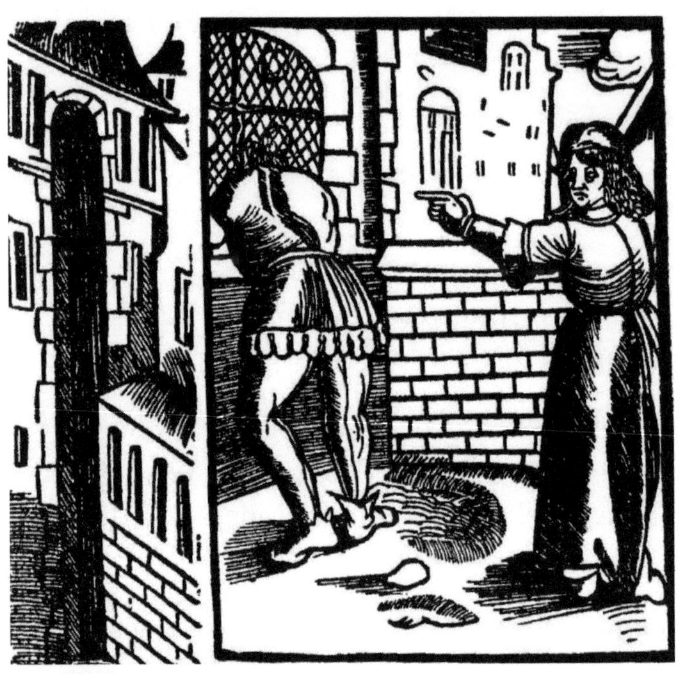

Eens keem Ulenspegel na Hamborg, stunn op de Hoppen-
markt , seeg sik üm un droop   en Balberer, de fraag em,
wo he herkeem. Ulenspegels Antwoort:

»Ik keem vun dor her!«

De Meester fraag wieder:

»Un wat büst du för en Handwarksgesell?«

»Ik bün, kort seggt, en Boortscherer.«

De Meester stellte em in. De wahnte op de Hoppenmarkt, jüst gegenöver woi se stunnen. Dat Huus harr dor, wo de Barbeerstuuv weer, Fenster bet an de Bodden vun de Straat. De Meester sprook to Ulenspegel:

»Seh dat Huus gegenöver, wo de hogen Fenster sünd, dor gah rin! Ik kaam glieks na.«

Ulenspegel see »Jo«, gung stracks to dat Huus, dörch de hogen Fenster rin un see:

»Gott to Ehr! Gött grööt dat Handwark!«

De Fru vun de Barbeer seet in de Stuuv un spunn. Se verfehrte sik bannig un sprook:

»Di föhrt woll de Düvel! Worüm kummst du dörch de Fenstern? Is di de Döör nich wiet noog?«

Ulenspegel anterte:

»Leve Fru, wees nich böös! Juch Ehmann hett mi dat so seggt un mi as Gesell instellt.«

»Dat is woll en troe Knecht, de sien Meester en Schaden anricht!«

»Leve Fru, schall nich en Gesell dat doon, wat em de Meester befehlt?«

Nu keem de Meester dorto un seeg un hörte, wat Ulenspegel daan harr.

He see:

»Wat weer dat, Gesell, kunnst du nich dörch de Döör gahn un miene Fenstern heel laten?! Wat för en Grund harrst du, dörch dat Fenster to gahn?«

»Leve Meester, ji harrn mi seggt, dor rintogahn, wo de hogen Fenstern sünd; ji wullt glieks nakamen. Also heff ik dat so maakt, aver se sünd mi nich folgt.«

De Meester sweeg still, denn he bruukte Ulenspegel hoochnödig, un dacht:

» Wenn sik mien Gewarf mit em verbetert, will ik em dat dörchgahn laten un em de Schaden vun sien Lohn aftrecken.«

Also lett he Ulenspegel so wat dree Daag arbeiden, denn müss he de Raseermessers sliepen un Ulenspegel see: »Jo geern!" Un de Meester see:

»Sliep se glatt op de Rüch akkerat so as de Snied.«

Ulenspegel fung an, de Rüchen un ok de Snieden vun de Raseermessers to sliepen. De Meester keem un wull tokieken, wat he so maakt. Do seeg he, dat bi de Messers. de Ulenspegel al slepen harr, de Rüchen so scharp weren as de Snieden. Un de Messers, de he op de Sliepsteen harr, sleep he op desülve Oort. Do see de Meester:

»Wat deist du bloots? Dat warrt en böset Ding!«

»Wat schall dat för en böset Ding warrn? Dat deiht se doch nich weh un ik maak, wat ju mi befahlen harrn.«

De Barbeer worr füünsch:

»Ik weet, dat du en böse , gemene Halunk büst! Hör op mit dat Sliepen un gah wdder dorhen, wo du herkamen büst!«

Ulenspegel see »Jo«, gung in de Stuuv un sprung dor ut dat Fenster rut, wo he rinkamen weer.

Do keem de Balberer noch meh rin Raasch un leep em mit en Polizeibüttel na. He wull em fangen, dormit Ulenspegel

em de tweibraken Fenstern betahlen müsst. Man Ulenspegel
weer sneller un fohr mit en Schipp weg vun't Land.

75. Historie

Ulenspegel worr vun ene Fru mit ne Snappsnuut inlaadt

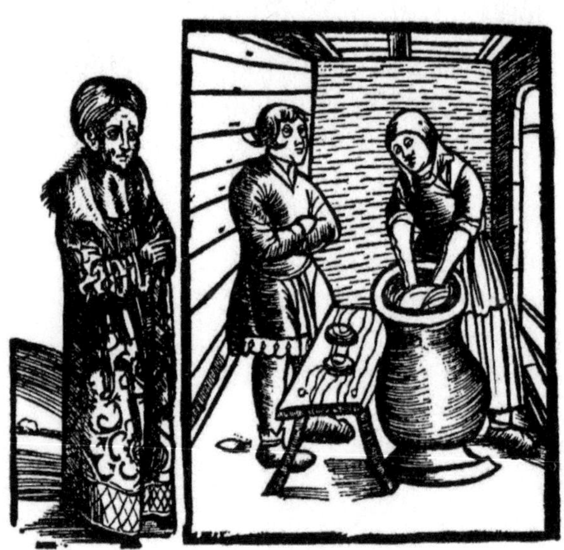

Eenmol begeev sik dat, dat en Hofffest afhalen warrt un Ulenspegel reed dorhen. Sien Peerd fung anto hinken un he müss to Foot wiedergahn. Dat weer bannig hitt un he harr Hunger. Ünnerwegens leeg en lüttjet Dörp, man dor geev dat kenen Kroog. Dat weer Middaagstiet, as he in dat Dörp ankeem, in dat he wollbekannt weer.

He gung in en Huus, wo ene Fru Kees maakt un se harr en grote Klumpen Molken in ehr Hänn. As se so över de Molken seet, harr se kene Hand mehr frie un en grote Snapp hung ehr ünner de Nees. Ulenspegel see »Goden Dag« un seeg de Snapp . Dat markte de Fru, kunn aver ehr Nees nich an de Arms afwischen un ok nich utsnuven. Do sprook se to em:

»Leve Ulenspegel, sett ju hen un tövt, ik will ju gode frische Botter geven.«

Do kehrte he üm un gung to de Döör rut. De Fru reep em achterna:

»Tövt doch un eet noch wat!«

Man Ulenspegel wull ich un see to de Buersfru:

»Leve Fru, ik eet eerst , wenn de Snapp rünnerfullen is!«

Denn he weer bang, dat de Snapp in de Molken fallen kunnt. He gung in en anneret Huus un dacht:

»Disse Botter mag ik nich. Wer dorto en beten Diek harr, de bruukt kene Eier rinslagen, de Botter wörr vun de Snaap fett noog.«

76. Historie

*Ulenspegel eet en Melkbrie alleen op, wiel he en Klumpen
Snapp rinfallen leet*

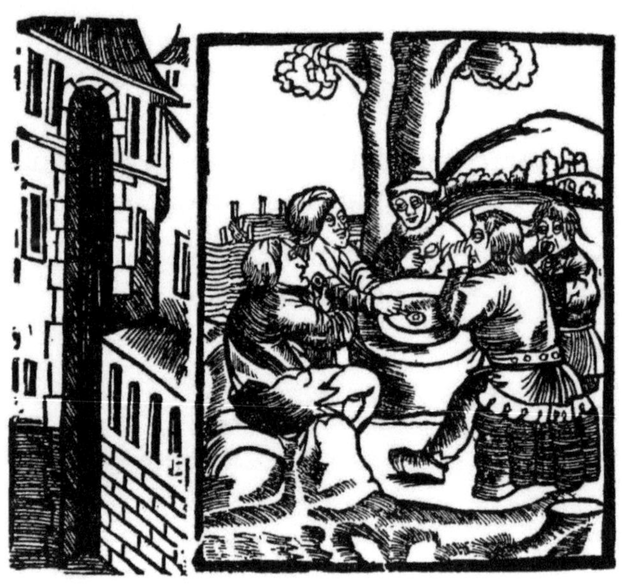

En grote Undöögt dee ULenspegel ene Buersfru an, dor-
mit he ene Schöttel vull Melkbrie alleen eten kunn. He
weer hungerig un gung in en Huus. He droop dor ene Fru, de
weer alleen , seet an't Füer un kaakte Melkbrie. Dat ruek
Ulenspegel so goot in sien Nees, dat he woll geern wa dorvun
eten wull, un beed de Fru, em de Melkbrie to geven. De Fru
weer inverstahn:

«Jo geern, mien leve Ulenspegel. Un wenn ik sülvst dat
missen müss, so will ik dat liekers ju geven, dormit ji dat al-
leen eet.«

Ulenspegel anterte:

»Mien leve Frau, dat schall woll na ehr Wöör schehn!«

De Buersfru geev em de Melkbrie un sett de Schöttel mit de Brie un Broot op de Disch. Ulenspegel harr grote Smacht un fung an to eten. De Fru keem dorto un wull gemeen mit em eten, as dat so bi de Buern begäng weer. Do dacht Ulenspegel:

»Wenn se ok mit itt, so warrt nich lang wat för mi överblieven, un he hoost en grote Klumpen Snapp un spee em in de Schöttel mit de Melkbrie. Do worr de Fru fuchtig:

»Twi Düvel! Dissen Melkbrie fritt du Schalk nu alleen!«

Ulenspegel aver sprook:

»Leve Fru, juuch eerste Wöör weren, ju wull de Brie missen un ik schull em alleen eten. Nu kaamt ji un wüllt mit mi gemeen eten. Ji harrn de Melkbrie woll mit dree Beten ut de Schöttel halt!«

De Fru flökte:

»Di schall dien Leevdaag nix Godet wedderfohren! Günnst du mi mien egen Eten nich? Wat wullt du mi denn dien Eten geven?«

Ulenspegel see:

»Fru, ik dee allens na juch Wöör!«

He eet de ganze Melkbrie op, wischte sik sien Mund af un gung foort.

77. Historie

Ulenspegel scheet in en Huus un blies de Stank dörch de Wand in ene Sellschop

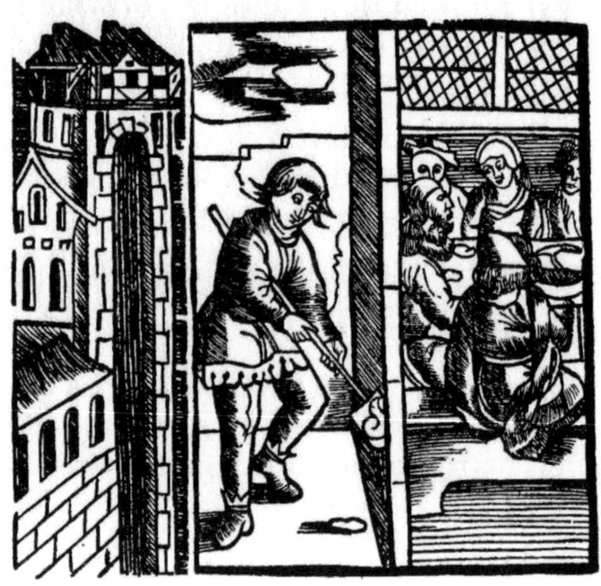

In lange Daagreisen wannerte Ulenspegel na Nürnbarg un bleev dor veerteihn Daag. Dicht bi siene Harbarg wahnte ok en frame Mann, de weer riek un gung geern in de Kark, aver he kunn Spelers nich lieden. Wo de weren or wenn se dorhen kemen, wo he weer, gung he foort.

Disse Mann harr de Wennst, eenmol in't Johr siene Navers as Gäst intoladen. He serverte jem gode Kost, Wien un dat beste to'n Drinken. Un wenn siene Navers sülvst Gäst or Koopplüüd bi sik harrn, de laad he jümmers mit in un se weren ok willkamen.

Do keem de Tiet, dat jedereen Gäst inlaad. Ulenspegel wahnte in de Harbarg in dat Naverhuus. Un de rieke Mann laad, as dat siene Wennst weer, de Navers un ehr Gäst in, so se ehrbare Lüüd weren. Ulenspegel laad he nich in, he heel em för en Göökler un Speler.

As nu de Navers un ehr Gäst , de ok inlaadt weren, to de frame Mann gungen, gung ok de Weert, bi de Ulenspegel in de Harbarg weer mit siene Gäst hen. He see to Ulenspegel, dat de rieke Mann em för en Göökler höllt , dorüm harr he em nich inlaadt. Ulenspegel geev sik dormit tofreden un dacht bi sik:

»Bün ik en Göökler, so warr ik em dat bewiesen,«

un dat argerte em doch en beten, dat de Mann em nich bedacht harr.

Dat weer kort na de Sank-Martin-Dag, as dat Gastmahl stattfunn. De Weert seet mit siene Gäst in ene wunnerschöne Stuuv, in de dat dat Mahl geev. De Stuuv leeg direktemang an de Wand vun dat Huus, wo Ulenspegel wahnte. As de Gäst dor seeten un in beste Luun weren, bohrte Ulenspegel en Lock dörch de Wand na de Stuuv. He scheet en grote Hopen an de Wand, nehm en Püüster un pustete de Stank dörch dat Lock. Dat stunk so förchterlich, dat keeneen in de Stuuv blieven wull. De een see de annere an, wiel he dacht, de stinkt so, un de kiekt de drüdde an. Ulenspegel hööprte nich op mit de Püüster, so dat de Gäst opstahn müssen un nich blieven kunnen. Se söchen ünner de Bänk un fegten in alle Ecken, man nix harr holpen.Nich een, nich anner wüss, vun wo de Stank herkeem. Also gungen se na Huus.

Ulenspegels Weert keem ok torüch un de weer vun de

Stank heel kodderig, so dat he allens utspee, wat he in sien Lief harr. He vertellte, wat dat in de Stuuv övel na Minschenschiet stunken hett. Ulenspegel fung an to lachen:

»Wenn mi de rieke Herr ok nich inlaadt harr un mi sien Eten nich günnen wull, so bün ik doch veel gnädiger to em as he to mi: ik günn em miene Kost! West ik dorbi, harr dat nich so stunken!«

Un he reken mit de Weert af un reed foort, wiel he dacht, dat dat rutkeem.

De Weeert markte, dat Ulenspegel vun de Stank wat wüss, man he kunn dat nich begriepen un wunnerte sik.sehr. As Ulenspegel ut de Stadt rut weer, fung de Weert an, in sien Huus to söken; he funn de Püüster, de vull bescheten weer, un ok dat Lock, wat Ulenspegel dörch de Wand bohrt harr. Nu begreep he allens, halte sien Naver dorto un vertellte em, wat Ulenspegel daan harr un wat siene letzt Wöör weren. De rieke Mann see:

»Leve Naver, vun Narren un Speellüüd hett keeneen en Vördeel. Dorüm will ik se ok nich in mien Huus hebben. Is nu disse Spijöök vun juuch Huus utgahn, so kann ik nix dorbi doon. Ik seeg juuch Gast as en Schelm an, dat kunn ik an sien Woort-Teken (Hic fuit) sehn. So is dat beter in juuch Huus schehn as in mien, villicht harr he mi noch slimmere Dinger andaan.«

Ulenspegels Weert stimmte to:

»Leve Naver, ji hebbt dat woll hört un genauso is dat: vör en Schalk mutt man twee Lichten setten un dat mutt ik woll ok doon, denn ik heff jümmers vele Gäst bi mi. Wenn en Schalk kummt, mutt man em op't Best beweerten.«

Dormit gungen se utenanner. Ulenspegel weer dor un he keem nich wedder torüch.

78. Historie

In Isleven verschrook Ulenspegel en Weert mit en dode Wulf

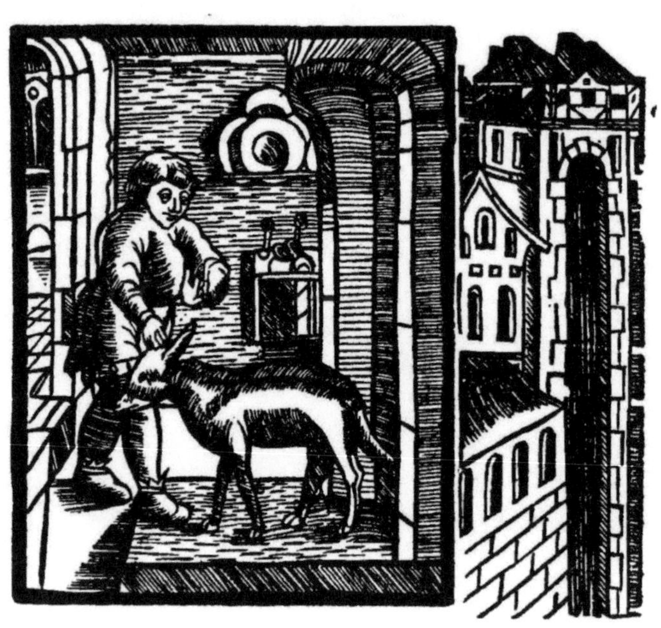

In Iesleven wahnte en spietsche un stolte Weert , de höll sik för en grote Kröger. Do keem Ulenspegel in siene Harbarg; et weer Winterstiet un do leeg veel Snee. In ene düüstere Nacht kemen dree Kooplüüd ut Sassen, de na Nürnbarg wullen, in de Harbarg. De Weert weer snackhaftig, begrööt de dree un fraag, wo to'n Düvel se so lang wesen weren, dat se so laat to de Harbarg kamen. De Kooplüüd sproken:

»Herr Weert, se dörvt nich böös mit uns sien. Ünnerwegens harrn wi en aventüerlichet Beleevnis : en Wulf hett uns en Leed daan. De leep dörch de Snee un wi kemen in de Möt un müssen uns mit em rümslagen; dat hett uns so lang ophalen.«

As de Kröger dat hörte, spottete he över se un see, dat is ene Schann, dat se sik vun een Wulf hinnern leten. Wenn he alleen op't Feld weer un keem in de Möt mit twee Wülv, he wörr se slagen un jagen, he weer nich bang dorför! Un se sünd dree un leten sik vun een Wulf verschrecken. De ganze Avend veräppelte he de Kooplüüd, bet se to Bett gungen. Ulenspegel seet dorbi un hörte sik de Spott an.

As se nu to Bett gungen, müssen Ulenspegel un de Kooplüüd tosamen in eene Slaapstuuv liggen. De Kooplüüd överleden, wat se anstellen kunnen, üm de Weert de Spott torüch to betahlen. Do see Ulenspegel:

»Leve Frünn, ik mark woll, dat de Weert en Opsnieder is. Wenn ji op mi hören wüllt, will ik em dat so besorgen, dat he ju nümmer nich mit een Woort vun de Wulf spottet!«

De Koopplüüd see dat to un se versproken, em Geld to geven. Ulenspegel anterte, se schullen henrieden to ehr Warf un op de Torüchkunft wedder in disse Harbarg kamen, he warrt ok hier sien Un denn wullen se de Weert mit siene hoge Nees enen bipuulen. So is dat ok schehn.

As de Kooplüüd fardig to ehr Reis weren, betahlten se ehre un Ulenspegels Kost un reden ut de Harbarg. De Weert reep se höhnsch na:

»Passt op, dat ju keen Wulf op de Wischen bemött!«

De Kooplüüd anterten:

»Herr Weert, Dank ok, dat ji uns warnt. Freten uns de

Wülv, kamen wi nich wedder torüch, un freten ju de Wülv, so warrn wi ju hier nich mehr finnen!«

Un se reden weg. Ulenspegel aver reed in de Woold un jagte de Wülv. Un Gott geev em dat Glück, dat he een fung. De maak he doot un froor em in. To de Tiet, as de Kooplüüd wedder na Iesleven kamen wullen, dee Ulenspegel de dode Wulf in en Sack un reed wedder torüch. Dor dreep he de dree Kooplüüd, so as se dat afsproken harrn. Vun Ulenspegels Wulf wüss keeneen wat.

Bi't Avendbroot sluderte de Kröger al wedder spaßig öber de Kooplüüd un de Wulf. Se seen, dat se dat so beleevt harrn un fragen, wenn em op de Wischen twee Wülv in de Möt kemen, wörr he denn eerst de een un achterna de twete dootslaan? De Weert spee grote Töön, wat he twee Wülv in 'Stücken hauen wörr. Dat gung so de ganze Avend, bet se to Bett gahn wullen.

Ulenspegel sweeg still, bet he to de Kooplüüd in de Slaapstuuv keem. Denn see he:

»Gode Frünn, wees still un sied op de Wacht! Wat ik will, dat wüllt ji ok! Un laat mi en Licht brennen!«

As nu de Weert mit all siene Deensten to Bett weer, sleek Ulenspegel sacht ut de Kamer un halte de dode, hart frorene Wulf. He stellte em an de Heerd, stütt em mit twee Hölter, so dat he oprecht stunn un sparrte em dat Muul wiet op. He steckte twee Kinnerschöh in't Muul , gung wedder to de Kooplüüd in de Kamer un reep luuthals:

»Herr Weert!«

De Kröger hörte dat, denn he weer noch nich inslapen. He

fraag torüch, wat se wullen un of se wedder en Wulf bieten wull. Se repen:

»Leve Herr Weert, schicken se uns de Magd or de Knecht, dormit se uns wat to drinken bringt. Wi köönt dat vör Döst kuum noch uthalen.«

De Weert worr füünsch un see:

»Dat is de Oort vun de Sassen, se supen Dag un Nacht!«

Un he reep de Dern, se schull opstahn un de Koolplüüd wat to'n Drinken in de Kamer bringen. De Magd stunn op, gung an't Füer un wull ein Licht ansteken. Dorbi seeg se hooch un keek de Wulf direktemang in't Muul. Se verschrook bannig, leet dat Licht fallen, leep in de Hoff un dacht, dat de Wulf de Kinner al opfreten harr.

Ulenspegel un de Koolplüüd reepen nochmaal na wat to'n Dinken. De Weert dacht, de Magd weer wedder inslapen un reep de Knecht. De stunn op, gung los un wull ok en Licht ansteken. Dorbi seeg he de Wulf un dacht nu, dat de de Deern freten harr. Ok he leet sien Lich tfallen un leep in de Keller. Ulenspegel un de Koolplüüd hörten, wat los weer un Ulenspegel see:

»Weest gode Dinger, dat Speel warrt nu goot!«

Se reepen to'n drüdde mal, wo denn de Deern un de Knecht blieven, wiel se nix to'n Drinken kregen. He schull sülvst kamen un ok en Licht bringen, se kunnen in de Düüsternis nich ut ehr Kamer kamen, sünst wörrn se sik sülvst wat halen. De Weert dacht, dat ok de Knecht wedder inslapen weer, stunn op, keem in Raasch un sprook:

»Hett de Düvel de Sassen maakt mi ehr Supen !?«

He steek en Licht an bi dat Füer un seeg de Wulf dor stahn mit de Schöh in't Muul. Do fung he an to schreen:

»Mordio! Reddet mi leve Frünn!«

He leep to de Kooplüüd in ehr Slaapstuuv un reep:

»Leve Frünn, kaamt mi to Help! En gräsiget Beest steiht bi dat Füer un hett al miene Kinner, de Deern un de Knecht opfreten!«

De Kooplüüd un Ulenspegel gungen stantepee mit de Weert to'n Füer. De Knecht keem ut de Keller, de Magd vun de Hoff un siene Ehfru broch de Kinner ut ehr Kamer, so dat man sehn kunn, dat se all noch leven. Ulenspegel stööt de Wulf mi de Foot üm. De leeg do un rögte sik nich. Ulenspegel see:

»Dat is en dode Wulf in ehr Huus, maakt ji dorwegen so en grotet Krakeel? Wat sünd se för en Bangbüx! Bitt se en dode Wulf in ehr egen Huus un jagt se un ehr Deensten in de Ecken? Vör noch nich allto lange Tiet wullen se twee lebennige Wülv op'n Feld doot slaan. Aver dat weren bloots Wöör!

De Kröger hörte dat un markte, dat he veräppelt worr un gung in siene Slaapstuuv to Bett. Dat Grootmuul schamte sik, dat en dode Wulf em un siene Deensten so verschroken harr.

De Kooplüüd weren fideel, lachten un betahlten dat wat se un Ulenspegel vertehrt harrn. Denn reden se foort.

Aver achterna vertellte de Kröger nich mehr so veel vun siene Kuraasch!

79. Historie

In Köln scheet Ulenspegel en Kröger op de Disch

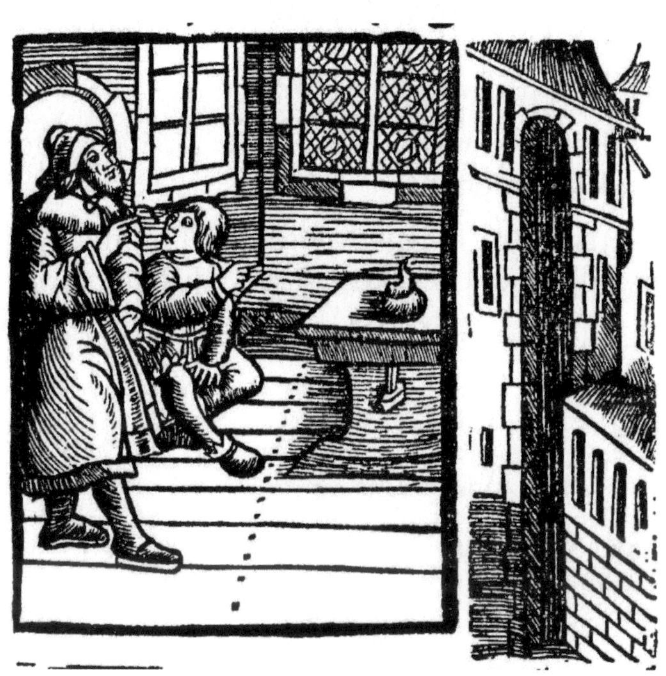

Ene korte Tiet later keem Ulenspegel na Köln in ene Har-
barg un he dreev sik twee or dree Daag rüm, üm nich
künnig to warrn. In disse Daag stellte he fast, dat de Weert en
Schalk weer, un he dacht, wo de Weert en Schalk is, is dat
nich goot för de Gäst. Du schullst di lever ene annere Har-
barg söken.

Avends markte de Kröger, dat Ulensp egel op de Söök na
en anner Ünnerkruup weer. He wies de anneren Gäst ehr
Bedden an, nich aver Ulenspegel. De see:

»Wat is dat, Herr Weert, ik betahl miene Kost jüst so düer as de annern, man de geven se en Bett un ik schall hier op de Bank slapen?«

»Kiek her,« see de Weert, »hier hest du en Bettlaken,« un he leet en grote Furz. Un stantepee leet he noch en un see:

»Un hier hest du en Koppküssen!«

Aver dormit noch nich noog. He leet noch enen fohren, de bannig stunk un sprook:

»Dat hier is enBett för di. Behölp di bet morgen un legg allens op en Hupen, dat ik se tosamen wedderfinn!«

Ulenspegel sweeg still un dacht bi sik:

»Dat markst du woll, du muttst een Sluusohr mit en annere betahlen!«

Un he leeg de ganze Nacht op de Bank.

De Kröger harr en schöne Klappdisch. Ulenspegel klappte de Disch utenanner, scheet en grote Hupen un klappte em wedder to. An annern Morgen stunn he fröh op, gung vör de Kamer vun de Kröger un se:

»Herr Weert, ik dank ju för dat Nachtquarteer.«

Un he leet en gewaltige Puup un see:

»Seht, dat sünd de Feddern vun't Bett. Dat Koppküssen, dat Bettlaken un de Deken mit dat Bett heff ik tosamen op en Hupen leggt.«

De Weert bedankte sik:

»Herr Gast, dat is goot, ik will mi dat ansehn, wenn ik opstah!«

»Maakt dat un kiekt ju üm. Ji warrt dat al finnen,« anterte Ulenspiegel un gung ut dat Huus.

De Weert schull middaags vele Gäst to'n Eten hebben un see, se schullen op de schöne Klappdisch spiesen. As he nu de Disch opklappte, toog em en abasige Gestank in de Nees, he funn de Schiet un sprook:

»He gifft de Lohn na de Warken un betahlt en Furz mit Schiet!«

Do leet de Kröger Ulenspegel torüch halen, üm em beter kennen to lehren. Ulenspegel keem wedder un he un de Weert verdrogen sik in ehr Kneep. Ulenspegel kreeg vun do an en godet Bett.

80. Historie

Ulenspegel betahlte een Weert mit de Klang vun't Geld

Ene lange Tiet bleev Ulenspegel in Köln in de Harbarg. Do begeev sik dat, dat man dat Eten so laat to't Füer broch, dat de Kost eerst laat an Middag fardig weer. Ulenspegel verdroot dat bannig, dat he so lang fasten schull. De Weert seeg em dat woll an un he see:

»Wer nich töven kann, bet de Kost fardig is, mutt eten, wat he hett!«

Ulenspegel gung in de Köök un eet ene dröge Weck. Denn sett he sik n de Heerd un betrüppelte de Braden, bet de goor weer.

Klock twölf worr de Disch opdeckt un dat Eten worr bröcht. De Kröger sett sik to de Gäst, man Ulenspegel bleev in de Köök an de Heerd. De Weert fraag:

»Wat is, Ulenspegel, wullt du nich mit uns an de Disch sitten?«

»Nee,« see he, »ik mag nix mehr eten, ik bün vun de Ruuch vun de Braden al satt worrn.«

De Weert sweeg un eet mit de Gäst, de achterna ehre Zech betahlten. De ene gung foort, de annere bleev un Ulenspegel seet an't Füer. Do keem de Kröger mit dat Betahlbrett, weer fuchtig un sprook to Ulenspegel, he schull twee Kölnische Wittpenns för de Kost dorop legen. Ulenspegel see:

»Herr Weert, wat sünd ji för en Keerl, dat ji Geld von en nehmt, de juch Kost nich eten hett!«

De Kröger keem in de Brass un verlangte dat Geld. Ok wenn he nix eten harr, müsst he doch betahlen, wiel he vun de Ruuch satt worrn weer. He harr bi de Braden seten un dat is akkerat so veel, as wenn he an de Disch seten un eten harr. Dorüm müss he em dat för ene Mahltiet anreken.

Ulenspegel toog eenKölnische Wittpenn ut de Tasch, smeet em op de Bank un sprook:

»Herr Weert, hört ji disse Klang?«

Un de Weert anterte:

»De Klang hör ik woll!«

Ulenspegel aver nehm flott de Penn weg un steek em in siene Tasch:

»So veel, as ju de Klang vun't Geld hölpt, so veel hölpt mi de Ruuch vun de Braden in mien Buuk.«

De Weert worr füünsch, denn he wull de Penn hebben, man Ulenspegel wull em de nich geven un en Gericht bestimmen laten. De Kröger geev op un wull nich vör't Gericht. He weer bang, dat Ulenspegel em dat so besorgen kunnt, as de Striek mit de Klappdisch. He leet Ulenspegel gahn un schenkt em de Zech. Ulenspegel wannerte foort vun de Rhien un toog wedder in't Land Sassen.

81. Historie

Ulenspegel gung foort vun Rostock un scheet en Weert an't Füer

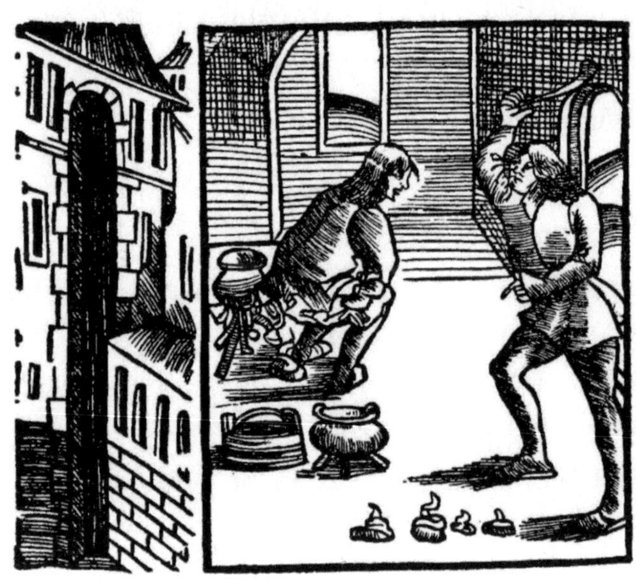

Emsig reiste Ulenspegel vun Rostock foort, nadem he dor siene Spijööken daan harr un keem in ene Harbarg in en lüttet Dörp. In dat Huus geev dat nich veel to eten, denn dor weer ene grote Armot. De Weert harr vele Kinner un bi de weer Ulenspegel bannig ungeern. He bunn sien Peerd in'n Stall fast, gung in't Huus to dat Füer un funn en kole Heerd un ene leddige Wahnung vör. He verstunn, dat hier nix as Armot weer, un see:

»Herr Weert, ji hebbt böse Navers.«

De Weert stimmte to:

»Jo, Herr Gast, dat stimmt. Se stehlt mi allens, wat ik in mien Huus heff!«

Do müss Ulenspegel lachen un dacht, hier is de Weert so as de Gast. He harr woll Lust dortoblieven, man de Kinner kunn he nich lieden, denn he seeg, dat se ehre Nootdurft achter de Huusdöör maaken, een Kind achter dat annere. Do sprook Ulenspegel to de Kröger:

»Wat sünd juch Kinner so snuddelig! Hebbt ji kene Stell, wo se henschschieten köönt as achter de Huusdöör?«

De Weert see:

»Herr Gast, wat regt ji dat op? Ik heff nix dorgegen, ik maak dat morgen wedder weg.«

Ulenspegel sweeg. Later, as he ut de Büx müss, scheet he en grote Hupen Schiet an't Füer. As he graad dorbi weer, keem de Weert un schimpte:

»Dat di dat Fever schüddel! Schittst du an't Füer? Is de Hoff nich groot noog?«

Ulenspegel aver see:

»Herr Weert, wat schellt ji doröver? Mi maakt dat nix ut, ik maak dat jede Dag weg.«

Un he sett sik op sien Peerd un reed ut dat Door rut. De Weert reep em na:

»Hool an un nimm de Schiet vun de Heerd weg!«

Ulenspegel anterte:

»Wer de letzt is, de kehr dat Huus. So warrt mien Schiet un juuch Schiet togliek wegkehrt!«

82. Historie

Ulenspegel toog en Hund dat Fell af un geev dat de Weerts-
fru as Betahlen

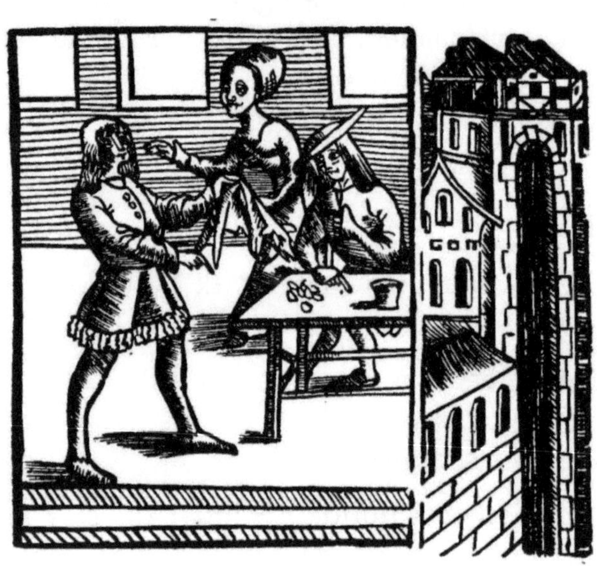

Dat begeev sik, dat Ulenspegel in en Dörp bi Staßfort
keem un funn dor in en Huus de Krögersche alleen
vör. De Fru harr en nüüdlichen, lüttjen Hund, de se dull leef
harr. Wenn de fuul weer, müss he alltiet op ehr'n Schoot lig-
gen.

Ulenspegel seet an't Füer un drunk ut de Kann. De Fru
harr de Hund dat anwennt: wenn se Beer drinkt , geev se em
ok Beer in ene Schöttel, dormit he ok drinken kunn. As nu
Ulenspegel dor seet un drunk, stunn de Hund op, begöösch-
te Ulrenspegel un sprung em an de Hals hooch. Datg seeg de
Krögersche   un se sprook:

»Ach, geevt em ok wat to drinken in siene Schöttel, he mag dat so geern!«

Ulenspegel stimmte to un dee dat. De Weertsfru gung weg un harr wat anneret aftohanneln. Ulenspegel drunk , geev de Hund wat to drinken ut de Schöttel un leed noch en Happen Fleesch dorto, so dat de Hund satt worr. De leed sik an't Füer un streckte sik, so lang he weer.

Achterna wull Ulenspegel mit de Krögersch afreken un see:

»Leve Fru, wenn en Gast juuch Kost itt un juuch Beer drinkt un keen Geld hett, wüllt ji em denn wat pumpen?«

De Weertsfru dacht nich doran, dat he de Hund meent, sünnern he weer de Gast, un anterte:

»Herr Gast, hier borgt man nich, hier mutt man Geld geven or en Pand!«

Ulenspegel sprook:

»Dormit bün ik för mien Deel tofreden, en annerer mag för sik sülvst sorgen.«

Denn gung de Krögerin weg. Un so draad he dat kunn, nehm Ulenspegel de Hund ünner sien lange Mantel un gung mit em in de Stall. Dor toog he em dat Fell af, gung wedder torüch in't Huus an dat Füer. Dat Fell vun de Hund harr he ünner sien Mantel. Denn reep he de Weertsfru un see nochmal:

»Laat uns afreken!«

De Fru reken un Ulenspegel leed de halve Zech hen. Do fraag de Krögersche, wer denn woll de annere Halfpart betahlen schull, he harr dat Beer doch alleen drunken!

»Nee, nee« see Ulenspegel, » ik heff dat nich alleen drunken, ik harr en Gast. De hett mitdrunken, man de hett keen Geld aver en godet Pand; de schall de annere Halve betahlen!«

De Krögerin fraag:

»Wat is dat för en Gast? Wat hebbt ji för en Pand?«

»Dat is de allerbeste Paletot, de he anharr.«

Un Ulenspegel toog dat Hundefell ünner sien Mantel rut un see:

»Kiekt Krögerin, dat is de Mantel vun de Gast, de mit mi drunken hett.«

De Fru verschrook bannig un seeg dat Fell vun ehr Hund. Se worr grantig un flökte:

»Dat du dien Leevdaag keen Glück mehr hest! Worüm hest du mi mienen Hund aftrocken?«

Ulenspegel anterte:

»Fru, dat is juuch egene Schuld, ik laat ju flöken. Ji harrn seggt, ik schull de Hund wat inschenken, un ik see, de Gast hett keen Geld. Man ji wullt em nix pumpen, ji wullt Geld or en Pand. Wiel he keenGeld harr, dat Beer aver betahlt warrn mutt, so müss he siene Kledaasch as Pand laten. De nehmt nu för sien Beer, wat he drunken hett.«

De Weertsfru worr noch mehr füünsch, see, he schull rut ut ehr Huus gahn un nienich wedderkamen. Ulenspegel sprook:

»Ik will nich ut juuch Huus gahn, sünnern rieden!«

Un he saddel sien Peerd, reed to dat Door rut, un reep de Weertsfru to:

»Fru, wohrt dat Pand so lang op, bet ik dat Geld tosammen bröcht heff. Ik will nochmal ahn Inladen torüch kamen. Wenn ik denn nich mit ju drink, mutt ik ok keen Beer betahlen.«

83. Historie

Ulenspegel redet de sülve Weertsfru in, dat Ulenspegel op en Rad liggt

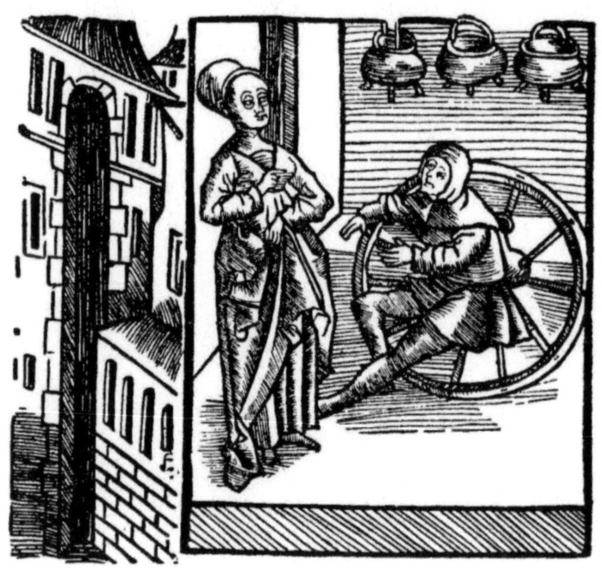

Hört to, wat Ulenspegel in dat Dörp bi Staßfort nochmal dreven harr. He toog sik annere Kledaasch an un gung wedder in de sülve Harbarg. He seeg, dat in dat Huus en Rad stunn. He leed sik baven op dat Rad, see de Weertsfru en gode Dag un fraag, of se wat vun Ulenspegel hört hett. Se anterte, wat se woll vun de Schalk hören schull. Op't leefst wull se sien Naam gor nich hören.

Eulenspegel fraag:

»Fru, wat hett he ju andaan, dat ju so böös sünd? Wo jümmers he henkeem, do scheed he nich ahn Undöög.«

De Krögerin anterte:

»Dat heff ik woll markt. He keem hierher, maak mien Hund doot un tog em dat Fell af. He geev mi dat Fell för dat Beer, wat he drunken harr!«

Ulenspegel see:

»Fru, dat harr he nich recht daan!«

»Dat warrt em ok noch schändlich gahn!« sprook de Krögerin.

Ulenspegel see:

»Dat is al schehn, leve Fru, he liggt op dat Rad.«

De Fru dacht, he wörr as Straaf op enRad bunnen un see:

»Dorför pries ik Gott!«

»Ik bün Ulenspegel,« see he! Tschüss, ik fohr nu dorhen!«

84. Historie

Ulenspegel sett ene Krögerin mit ehr'n naakte Moors in de hitte Asch

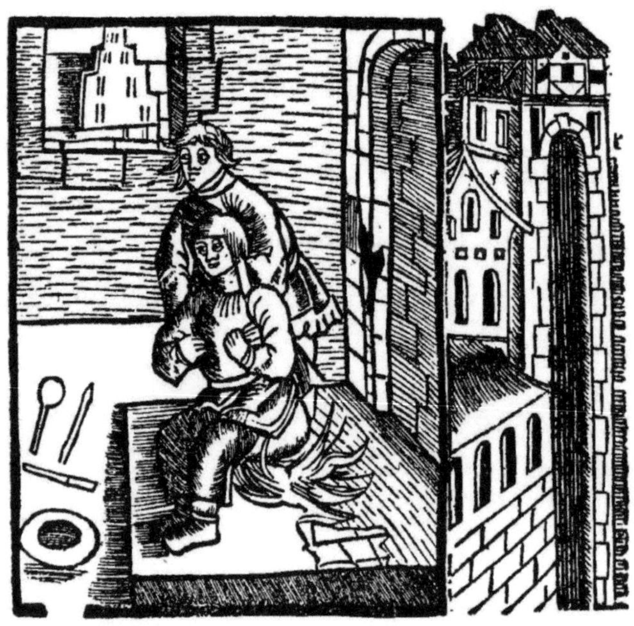

Böse un grantige Nareed bringen bösen Lohn. As Ulenspegel vun Rom reiste, keem he in en Dörp, wo ene grote Harbarg weer, un de Weert weer nich to Huus. Do fraag Ulernspegel de Weertsfru, of se Ulenspegel kennt. De Krögersche anterte:

»Nee, ik kenn em nich, man ik heff vun em hört, dat he en Schalk vun beste Sort is.«

Ulenspegel sprook:

»Leve Weertsfru, worüm seggt ji, dat he en Schalk is, wenn ji em nich kennt? «

»Wat is dorbi, wenn ik em nich kenn? Dat maakt doch nix; de Lüüd seggen, he is en bööse Sleef!«

»Hett he ju jemals en Leed andaan? Wenn he en Schalk is, so weet ju dat bloots vun't Hörenseggen.«

»Ik see dat so, as ik dat vun de Lüüd hört heff, de bi mi in- un utgahn.«

Ulenspegel sweeg. An annern Morgen stunn he fröh op un schrapte de hitte Asch utenananer. He gung to dat Bett vun de Krögerin un nehm se ut ehr'n Slaap. He sett se mit ehr'n naakte Moors op de hitte Asch, verbrannte ehr de Moors düchtig un sprook:

»Kiekt, Krögersche, nu köönt ji vun Ulenspegel seggen, dat he en Schalk is. Ji markt dat nu sülvst un ji hebbt em sehn. Hieran möögt ji em gewahr warrn!«

De Fru fung an to jammern, man Ulenspegel gung ut dat Huus un lachte :

»So schall man siene Romfohrt to Enn bringen!«

85. Historie

*Ulenspegel scheet ene Krögersche in't Bett un vertellte ehr,
dat dat de Paster daan hett*

En bööse Striek maakte Ulenspegel in Frankfort an de
Oder. Dorhen wannerte he gemeen mit en Paster un bei-
de gungen in desülve Harbarg. To'n Avendbroot behannelte
de Weert se fründlich un geev se Fisch un Wildfleesch. As se
to Disch gungen, sett de Weertrsfru de Paap baven hen un
geev em dat Gode ut de Schötteln. Se see:

»Herr, eten se dat üm mienentwegen!«

Ulenspegel seet ünnen an de Disch un keek de Weert un
de Fru egalweg an, man keeneen leed em wat vör or beed em
to eten, liekers he akkerat so veel betahlen müss. As dat
Avendeten to Enn un dat Slaaptiet weer,worrn Ulenspegel
unde Paap in ene Kamer leggt. Jeder kreeg en schönet, reinet
Bett, in dat se slepen.

Fröh an annern Morgen stunn de Paap rechtiedig op un
beed siene vörschreven Tiet, betahlte denn de Weert un toog

wieder.

Ulenspegel bleev bet Klock Negen liggen, denn scheet he
in dat Bett vun de Paap en grote Hupen. De Weertsfru fraag
de Huusknecht, of de Paster un de annern Gäst opstunnen
weren un of se afrekent un betahlt harrn.

De Kn echt see:

»Jo, de Paap stunn fröh op, beed siene Tiet, hett betahlt un
wannerte wieder. Man de annere Gesell heff ik hüüt noch ich

sehn.«

De Krögerin dacht, dat he villicht krank weer , gung in siene Kamer un fraag, of he nich opstahn wull. Jo, dat wull he, man em weer bet nu nich recht woll.

Wieldess wull de Fru de Bettlaken vun't Bett nehmen. As se dat opdeckte, leeg en grote Hupen Schiet merrn in dat Bett.

»Ei, behööd mi Gott! Wat liggt hier?«

»Jo, leve Fru,« see Ulenspegel, »at wunnert mi nich! Denn wat to'n Avendeten Godet op de Disch keem, dorvun worr dat Allerbest de Paap vörleggt. Un de ganze Avend worr seggt: ›Herr, eet dat op!‹ Wiel de Paster so veel eten hett, wunnert mi dat nich, dat dat bi de Hupen in dat Bett bleven is un he nich de hele Slaapstuuv vullscheeten hett.«

De Weertsfru verflökte de unschüllige Paap un see, wenn de wedderkamen wörr, müss he vörbigahn, aver Ulenspegel, de frame Gesell, wull se geern wedder opnehmen.

86. Historie

En Keerl ut de Nedderlannen eet Ulenspegels Röstappel mit Flegen un Müggen op

Heel gerecht rekente Ulenspegel mit en hollandsche Keerl af. In ene Harbarg in Antwerpen, wo Kooplüüd ut de Nedderlannen weren, begeev sik dat, dat ULenspegel en beten krank worr. He müch keen Fleesch mehr eten un leet sik weke Eier kaken. As nu de Gäst an de Disch seten, keem ok Ulenspegel dorto un bröcht siene Eier mit. Een vun de Hollanders höll emn för en Buern un see:

»Na Buer, magst du de Kost vun de Weert nich, dat man di Eier kaken mutt?«

He nehm beide Eier, sloog se op un slappte se een na de annere ut. De Schalen leed he vör Ulenspegel hen un see:

»Kiek, leck dat ut, de Dotters sünd al rut!«

De anneren Gäst lachten un Ulenspegel lachte mit .

Avends köff Ulenspegel en feine Appel, de höhlte he binnen ut un füllte em mit Flegen un Müggen op. Denn braadt he em langsam,schellte em un bestreute em mit Engwer. As se nu avends wedder an de Disch seten, bröcht Ulenspegel sienAppel op en Töller mit, dreihte sik üm, as wenn he noch mehr halen wull. Wieldes nehm de Hollänner snell de Appel vun de Töller un slung em rünner.

Man op de Steed müss he speen un spee allens ut, wat he in sien Lief harr. He worr so kodderig, dat de Weert un de annern Gäst meenten, Ulenspegel harr em mit de Appel vergiftet.

Doch Ulenspegel see:

»Dat is kene Vergiften, man bloots en Reinmaken vun sien Magen. Denn en happige Magen verdregt kene Kost goot. Harr he mi vertellt, dat he de Appel so happig rünnerslungen wull, so harr ik em warnt! Denn in de weken Eier weren kene Müggen, se weren in de braden Appel. De muss he wedder utspeen.«

Wieldes keem de Hollänner wedder to sik un markte, dat em dat nich schaadt hett, un see to Ulenspegel:

»Eet un brad, ik eet nix mehr mit di, ok wenn du Krammentvagels (= Machandeldrosseln) harrst!«

87. Historie

*Ulenspegel bröcht in Bremen ene Marktfru dorto, ehr Töp-
perworen twei to slaan*

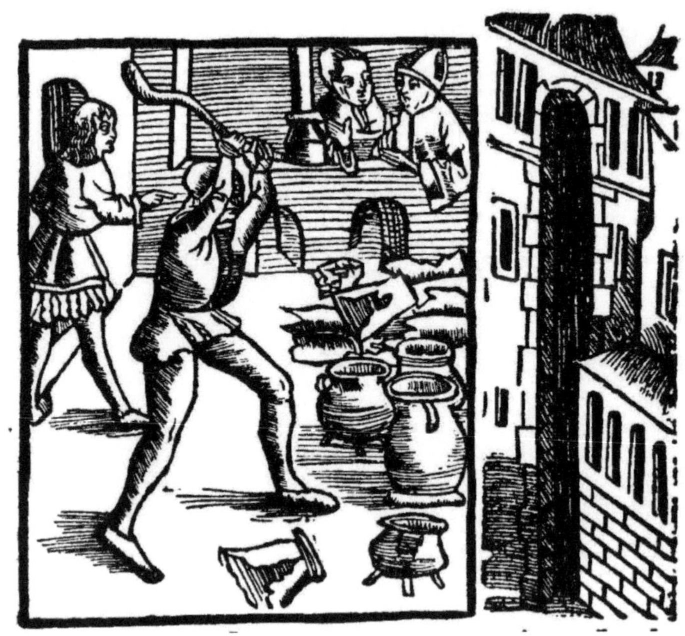

As Ulenspegel de letzte Schelmenstriek dann harr, reiste
he wedder to de Bischop vun Bremen. De harr em ge-
ern un ok veel Spaaß an de Schalk. Ulenspegel dee alltiet Spi-
jööken för em, dat de Bischop lachen kunn, un dorför worr
sien Peerd ahn Kosten ünnerstellt.

Inst dee Ulenspegel so, as wenn he kene narrschen Saken
mehr doon un lever in de Kark gahn wull. De Bischop ver-
spoottete em, man Ulenspegel scheerte sik nich dorüm un
gung beden, so dat em de Bischop op letzt bannig triezte.

Ulenspegel harr sik heemlich mit de Fru vun en Töpper verafredt; se seet op de Markt un verköff dor ehr Woren. He betahlte all de Pötte un se sproken af, wat se doon schull, wenn he ehr winkt or en Teken gifft.

Denn keem ULenspegel torüch to de Bischop un dee so, as wenn he in de Kark west is. De Bischop triezte em jümmers noch. Toletzt see Ulenspegel:

»Gnädige Herr, kaamt mit mi op de Markt. Dor sitt ene Töppersfru mit ehr Kruken. Ik will mit ju wedden, ik warr nich mit ehr spreken noch ehr mit de Ogen en Tipp geven. Ahn Wöör will ik se dorto bringen, dat se opsteiht un mit en Knüppel all de Pött sülvst twei sleit.«

De Bischop see:

»Dat wörr ik woll geern sehn!«

Un he wull mit Ulenspegel üm dörtig Gulden wedden, dat de Fru dat nich deit. Se bleven dorbi mit Handslag un de Bischop gung mit Ulenspegel op de Markt. Ulenspegel wies em de Fru un se gungen na't Raathuus. Ulenspegel bleev an siene Siet un beerte sik mit Wöör, as wull he de Fru dorto bringen de Pött twet to slaan. Se dee dat aver nich. Op letzt geev he dat afsproken Teken. Se stunn op, nehm de Knüppel un sloog all ehr Kruken toschann, so dat all de Lüüd op de Mark lachten.

As nu de Bischop wedder torüch in sien Hoff weer, nehm he Ulenspegel bisiet un wull vun em weten, woans he dat maakt harr, dat de Fru ehr egen Pött un Kruken in'n Dutt slann harr. Denn wull he em ok de dörtig Gulden geven, de he verloren harr.

Ulenspegel stimmte to:

»Jo geern, gnädige Herr.«

Un he vertellte, dat he toeerst de Töpperworen betahlt un mit de Fru allens afsproken harr. Mit de »swatte Kunst« harr dat nix to doon. Do lachte de Bischop un geev em de dörtig Gulden, aver he müss verspreken, mit keeneen vun disse Saak to reden. Ulenspegel versprook dat un de Bischop geev em noch en fette Oss dorto. He weer ok fardig för de Reis un toog wieder.

As hed foort weer gung de Bischop mit siene Ridders un Knechten bi Disch. He behauptete, ve verstünn nu de Kunst, de Töppersfru to'n tweihauen vun ehr Kruken to bringen. De Ridders un de Knechten wullen aver dat gor nich sehn, se wullen bloots in de Kunst inwieht warrn. Do sprook de Bischop:

»Wenn mi jeder vun ju en fette Oss för miene Köök spennt, will ik ju de Kunst lehren.«

Nu weer graad Harvst, wo de Ossen heel fett weren. So dacht jedereen:

üm de Kunst to lehren, kann man jo een Oss oppern. Dat köst nich allto veel. All Ridders un Knechten geven de Bischop jeder een Oss, so dat he an't Enn sössteihn Ossen tosamen harr. Jede Oss weer veer Gulden weert, so dat de Bischop de dörtig Gulden, de Ulenspegel kregen harr, wedder rut harr.

As de Ossen bienanner stunnen, keem Ulenspegel vörbi reden un födderte:

»Vun de Büüt höört mi de Halve!«

Man de Bischop see:

»Hool du man, wat du mi versproken hest. Un ik hool dat, wat ik di versproken heff! Dien Herrn muttst du al dat Broot günnen!«

Ulenspegel kreeg de fetteste Oss; de nehm he un dankte de Bischop. Achterna beed de Bischop siene Ridders un Deensten, goot totohören, he wull se nu Ulenspegels Kunst künnig maken. He see, wat Ulenspegel mit de Fru verafredet un dat he de Töpperworen vörher betahlt harr. As de Lüüd de Geschicht höört harrn, keem dat se so vör, dat man se mit ene List bedrogen harr. Man keeneen wull sik bi de anneren beklagen. De een kleite sik an de Kopp, de anner in de Nack , se all dee de Hannel mit de Bischop leed un se argerten sik wegen ehr Ossen.

Doch se müssen sik tofreden geven un dormit tröösten, dat se de Ossen an en gnädige Herr verloren harrn. Se seen dat nich, aver se argerten sik, dat se so grote Doren weren un ehr Ossen för de Kunst hergeven harrn un Ulenspegel ok noch en Oss afkregen harr.

88. Historie

*En Buer nehm Ulenspegel op sien Koor mit un de scheet em
op de Plummen*

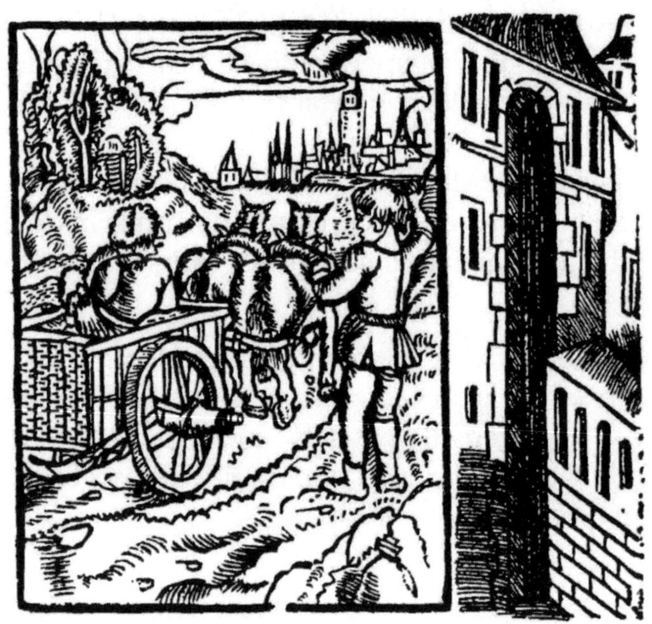

To jenner Tiet helen de hööchsten un aadligen Fürsten
vun Brunswiek eenmol in de Stadt Einbeck en Turnier
mit Rennen un Steken af. Do kemen vele frömme Fürsten,
Herren, Ridders un Knechten tosamen. Dat weer in Sommer,
as de Plummen un anneret Aaft riep weren.

In en Dörp, wohrschienlich Oldendörp, bi Einbeck levte en
frame, tutige Buersmann, de harr en Goorn mit Plummbööm.
He plückte sien Koor full Plummen un wull dormit na Ein-
beck fohren, wiel dor bnannig veel Lüüd weren un he dacht,

dat he dor nu siene Plummen beter verköpen kunn as in annere Tieden.

As he vör de Stadt ankeem, leeg dor Ulenspegel ünner en greöne Boom in de Schadden. He harr sik an de Hoff vuun de Herren so överfreten un to veel sopen, dat he nich mehr eten noch drinken kunn un ehr as en dode Minsch as en lebennige utseeg. As nu de frame Mann an em vörbi föhr, sprook Ulenspegel de Buer so elennig an, as he kunn, un see:

»Ach, gode Fründ, seh her, ik ligg hier siet dree Daag un Nachten ahn Help vun en Minsch! Wenn ik noch een Dag hier so liggen schall, mutt ik vör Hunger un Döst woll starven. Ik beed di, fohr mi in Goddes Naam na de Stadt. De gode Buer sprook:

»Ach, leve Fründ, ik wörr dat jo geern doon, aver ik heff Plummen op mien Koor. Wenn ik di dorop sett, maakst du mi se all toschannen.«

Ulenspegel beed:

»Nimm mi mit, ik warr mi vörn op de Koor behölpen.«

De Buer weer oolt un dat weer en grotet Stück Arbeit, Ulenspegel, de sik ok noch swoor maakte, op de Koor to heven. Wegen de Kranke föhr de Buer en beten suutje.

As se nu ene Wiel fohren weren, toog ULenspegel vun achter to dat Stroh vun de Plummen, keem achter de Rüch vun de Buer en beten hooch un scheet de arme Mann ganz dull op sien Plummen. Denn toog he dat Stroh wedder doröver.

De Buer keem vör de Stadt un Ulenspegel reep:

»Hool stopp! Help mi vun de Koor! Ik will hier buten vör dat Door blieven.«

De gode Mann holp de böse Schalk vun de Koor un föhr de Straat wieder to'n Markt. As he dor ankeem, spannte he sien Peerd ut un reed et in de Harbarg. Wieldes kemem vele B örgers op de Markt. Do mang weer een, de jümmers as eerste keem, wenn't wat nieget op de Markt bröcht warr, aver selten wat köff. De keem to de Koor, nehm dat Stroh bisiet un maakte sik de Hänn schietig.

As de Buersmann torüch ut siene Harbarg keem, weer ok Ulenspegel wedder do. De harr sik middewiel verkledet , weer op en annere Weg gungen un fraag de Buer:

»Wat hest du op de Markt bröcht?«

»Plummen,« anterte de Buer.

»Du hest se as en böse Schalk bröcht, de Plummen sünd all bescheten! Man schull di mit de Plummen dat Land verbeden!«

De Buer keek na un seeg , dat dat so weer un see:

»Vör de Stadt leeg en kranke Mannsminsch, de seeg akkeraat so ut as de, de hier steiht. Man de harr annere Kledaasch an. De föhr ik in Goddes Naam bet vör dat Door.«

Ulenspegel sprook:

»De Keerl harr en Fellvull verdent!«

De frame Buersmann müss siene Plummen op de Schietkuhl fohren un dorv se narms verköpen.

89. Historie

Ulenspegel tellte in't Klooster Mariental de Mönken in de Mess

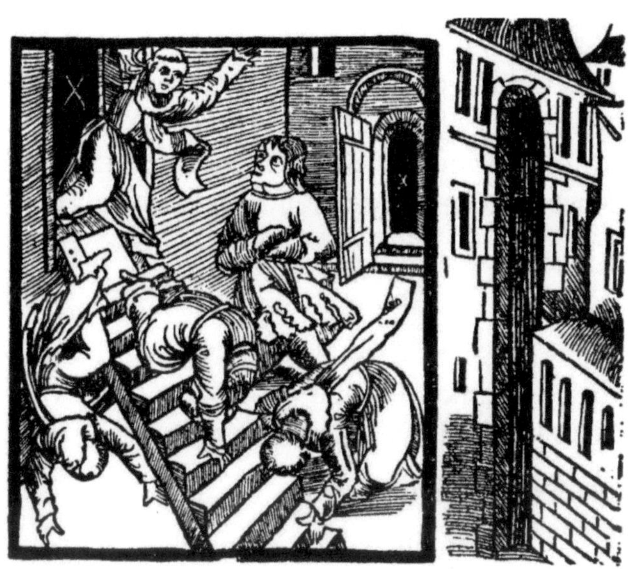

Et keem de Tiet, dat Ulenspegel dörch alle Länner lopen un oolt un verdreetlich worr un wat he daan harr, dee em leed. He dacht, he schull in en Klooster gahn, so arm as he weer, üm de em noch verblievene Tiet gedüllig to verdregen un wegen siene Sünnen Gott to denen, dormit he nich verloren is, wenn Gott em röppt.

In disse Afsicht keem he to de Vörstaher vun't Klooster Mariental un beed de Abt, dat he em as en Broder opnimmt, he wull ok dat Klooster all sien Besitt nalaten. De Abt müch Narren geern un see:

»De büst noch goot bi Kräft, ik will di geern opnehmen as du beden hest. Aver du muttst ok wat doon un en Amt övernehmen. Du sühst, dat miene Bröder un ik all wat to doon hebben un jedereen is dat befahlen.«

Ulenspegel weer inverstahn:

»Jo, Herr, geern!«

»Wohlan in Goddes Naam,« see de Abt, »du arbeidst nich geern, du schallst uns Broder an de Poort sien. So kannst du in diene Kamer blieven un bruukst di üm ix anneret to scheren, as de Kost un Beer ut de Keller to halen un de Poort op- un aftosluten.«

Ulewnspegel dankte em:

»Wöördige Herr, dat vergell ju Gott, dat ji mi ole kranke Keerl so goot bedenkt. Ik will woll allens doon, wat ji mi seggt un allens nalaten, wat ji mi verbeedt.«

De Abt geev em de Slötel:

»Du schallst aver nich jedereen rinlaten, man bloots jede drüdde or veerte. Wenn du to vele rinlettst, freten se uns dat Klooster arm.«

Ulenspegel see, dat he dat woll na de Wöör vun de Abt recht doon wull.

Un vun alle, de do kemen, leet he man jede veerte rin, of de to dat Klooster hörte or nich. Klagen doröver kemen de Abt bald to siene Ohren. De see to Ulenspegel:

»Dü büst en sünnerbore Schalk! Wullt du nich jenne rinlaten, de hierher hören?«

»Herr, ik heff jede veerte rinlaten, as ji mi dat befahlen harrn, un nich mehr. Dormit heff ik juuch Geboot inholen.«

»De hest hannelt as en Schalk,«

see de Abt un west em geern wedder los. He sett en annere Broder an de Poort in, denn he markte, dat Ulenspegel vun siene narrsche Oort nich laten kunn. Achterna geev he em ene annere Arbeit un see:

»Du schallst de Mönken nachts in de Mess tellen. Un wenn du een översühst, muttst du hier rut un wiederwannern!«

»Dat is för mi swoor to doon,« sprook Ulenspegel, »man wenn dat nich anners sien kann, mutt ik dat woll maken, dormit dat Best dorut warrt.«

Un in de Nacht brook he en poor Breder ut de Trepp. De Abt weer en gode, frame, ole Mönk un jümmers de eerste in de Mess. He keem still to de Trepp. Un as he dacht, he tridt op de Trepp, treed he dörch un brook sik enBeen. He schree jämmerlich, so dat all de Bröder tosamen lepenn un kieken wullen, wat passeert weer. Do full ener na de annere de Trepp daal. Ulenspegel sprook to de Abt:

»Wöördige Herr, heff ik nu mien Amt richtig daan? Ik heff de Mönken all tellt.«

Un he geev em dat Karvholt, in dat he se all rinsneden harr, as een na de annere rünnerfull. Aver der Abt weer nich tofreden:

»Du hest tellt as en verdorbenet Sluusohr! Gah rut ut mien Klooster un gah to'n Düvel, wo jümmers du hen wullt!«

Also keem Ulenspegel na Mölln, do worr he krank un weer dor nadem ok storven.

90. Historie

In Mölln worr Ulenspegel krank, scheet de Aftheker in ene Büss, worr in't Spital bröcht un sprook en sötet Woort to siene Moder

Elennig un böös krank weer Ulenspegel, as he vun Mariental na Mölln keem. Wegen de Arznei gung he bi en Aftheker in de Harbarg. Doch de Aftheker weer ok en listige Schalk un geev Ulenspegel ene scharpe Medizin to'n Afföhren. Fröh morgens sloog dat Middel an. Ulenspegel stunn op un wull to Stohl gahn. Dat Huus weeer aver rundüm versloten un em wörr angst un bang. He gung in de Afthekerstuuv, scheet dor in ene Büss un see:

»Hier is de Medizin rutkamen, hier mutt se wedder rin. So verleert de Aftheker nix, ik kann em doch keen Geld geven.«

De Aftheker markte dat, flökte un wull em nich länger in't Huus hebben. He leet em in dat Spital »To'n Hillige Geist« bringen. Ulenspegel see to de Lüüd, de em henbröchen:

»Ik heff bannig streevt un Gott alltiet beden, de Hillige

Geist mag in mi kamen. Nu schickt mi Gott dat Gegendeel: ik kaam in de Hillige Geist! He blifft rut ut mi un ik kaam rin in em!«

De Lüüd lachten över siene Wöör un gungen foort.

Un as dat Leven vun en Minsch is, so is ok sien Enn. Et warrt siene Moder Bescheed geven, dat he krank is. Se rüst sik för de Reis, keem to em un dacht, se kreeg vun em Geld, denn se weer ene ole , arme Fru. As se vör em stunn, fung se an to wenen:

»Mien leve Söhn, wo büst du krank?«

Ulenspegel anterte:

»Hier, mang dat Bett un de Wand.«

»Ach, leve Söhn, segg mi doch en sötet Woort!«

»Leve Moder, Honnig, dat is en sötet Woort!«

»Ach leve Söhn, giff mi doch noch en gode Raat, bi de ik an di denken kann!«

»Jo, leve Moder, wenn du schieten wullt, kehr dien Moors vun de Wind weg, denn kümmt di de Ruuch nich in de Nees!«

De Moder sprook:

»Leve Söhn, giff mi doch wat vun dien Goot!«

»Wer nix hett, de mutt man wat geven, un wer wat hett, vun de schall man wat nehmen! Mien Goot is verborgen, so dat keeneen dorvun wat weet. Finnst du wat, dat mi hört, so kannst du dat nehmen; ik geev di vun mien Sack un Pack allens, wat krumm un wat graad is.«

Wieldes worr Ulenspegel so krank, dat de Lüüd em toreden, he schull de Bicht afleggen un dat Avendmahl nehmen. Ulenspegel willigte in, denn he föhlte, dat he vun dit Lager nich mehr opstahn wörr.

91. Historie

*Ulenspegel schull siene Sünnen togeven un bicht dree Spijöö-
ken, de he aver nich daan harr*

Rü un Leed wegen siene Sünnen schull Ulenspegel in sie-
ne Krankheit föhlen, dormit he dat Avendmahl kregen
un sööt starven kunnt - so harr em dat ene ole Begine vertellt.
Ulenspegel see :

»Dat kann nich angahn, dat ik sööt starv, denn de Dood is
bitter. Un worüm schall ik heemlich bichten? Wat ik in mein
Leven daan heff, dat is in vele Länner vele Lüüd bekannt.
Wenn ik een wat Godet daan harr, de warrt mi dat woll na-
seggen, wenn ik aver een wat Böset andaan harr, de warrt
trotz miene Rü nich swiegen. Ik bereu dree Dinger un dat
deit mi leed, dat ik se nich daan harr un nich doon kunn.«

De Begine see:

»Ach du leve Herrgott! Is dat wat Böset, wat ju nich daan
hebbt. So west doch froh! Laat ju juuch Sünnen leed doon!«

Man Ulenspegel dee dat leed, dat he dree Dinger nich
daan harr un ok nich dorto keem, dat to doon! De Begine
fraag:

»Wat sünd dat för Dinger? Sünd se goot or böös?«

Ulenspegel vertellte:

»Dat sünd dree Dinger. Dat eerste is, wenn ik in miene jun-
ge Johren seeg, dat en Keerl de Jack ünner sien Mantel rut-
hung, gung ik em na. Ik dacht, de Jack wörr rünnerfallen un
ik kunn em opheven. Wenn ik denn neger keem, seeg ik, dat

de Jack bloots to lang weer. Ik worr füünsch un harr em de Jack so wiet afsneden, as he ünner de Mantel ruthung. Dat ik dat nich kunn, deit mi leed.

Dat twete is dit: Wenn ik een sitten or gahn seeg, de mit en Knief in siene Tähnen stökert, dat ik em nich dat Mess in sien Hals slaan kunn. Ok dat deit mi leed!

Dat drüdde is, dat ik nich all de olen Wiever, de över ehr Tiet rut sünd, ehr Moorsen toneiheen kunn. Ok dat deit mi leed. Denn disse Fruunslüüd sünd to nix mehr nütt, as dat se de Bodden beschieten, wo de Früchten op stahn.«

»Ei, bewohr ju Gott! Wat seggt ji do? Ik höör woll: wenn ji noch gesund un för ju dat mööglich weer, wörrt ji mi ok mien Lock toneihen, denn ik bün ene Fru vun all sösstig Johren!«

Ulenspegel see:

»Dat deit mi leed, dat dat noch nich schehn is.«

De Begine worr grantig:

»So bewohr ju de Düvel!

Se gung vun em foort un leet em liggen. Un Ulenspegel sprook:

»Kene Begine is so fraam, dat se nich böser is as de Düvel, wenn se füünsch is!«

92. Historie

*Ulenspegel maak sien Terstament un de Paap besmeerte sik
de Hänn*

Passt op, geistliche un weltliche Lüüd, dat ji juuch Hänn nich an Testamenten schietig maakt, as dat bi Ulenspegels Testament schehn is.

En Paap worr to Ulenspegel bröcht, de schull em de Bicht afnehmen. As de nu to em keem, dacht he bi sik:

»He is en aventüürsche Minsch west un hett dormit woll veel Geld tosamenbröcht. Dat mutt ene düchtige Summ sien, de schull ik em afnehmen, wiel dat mit em to Enn geiht. Villicht blifft ok noch en beten för mi över!«

Ulenspegel fung an to bichten un keem mit de Paap in de Snack, do see de Paster:

»Ulenspegel, mien leve Söhn, denk an dien Selenheel bi dat Enn.

Du weerst en aventüürsche Gesell un hest vele Sünnen begahn. De mööt di nu leed doon. Un wenn du en beten Geld hest, so wörr ik dat to Goddes Ehr un för arme Preesters, so as ik ok een bün, oppern. Ik rad di dat, denn dat Geld is nich jümmers ehrlich wunnen. Un wenn du dat doon wullt, mi dat nu vertellst un mi dat Geld giffst, will ik dorför sorgen, dat du Goddes Gnaad kriggst.Un wenn du mi ok wat geven wullt, warr ik nien Leevdaag an di denken un för di Dodengebeden un Selenmessen lesen.«

Ulenspegel see:

»Jo mien leve Paap, ik will ok an ju denken. Kaamt hüüt Namiddag wedder, ik will ju sülvst en Stück Gold in de Hand geven. Dat köönt ji mi glöven.«

De Paap freute sik un keem namiddaags wedder anlopen. Wieldes he foort weer, nehm Ulenspegel ene Kann, scheet se halv full un leed baven op en beten Geld, so dat de Münten de Schiet bedeckten.

As de Preester wedder torüch weer, sprook he:

»Mien leve Ulenspegel, ik bün hier. Wullt du mi wat geven, as du mi dat versproken hest, so will ik dat geern nehmen.«

Ulenspegel see:

»Jo, leve Herr, wenn ji bescheden togriept un nich gierig sünd, will ik ju een Greep in de Kann verlöven, dormit ji an mi denken köönt.«

De Paster versprook:

»Ik will dat na diene Wünschen doon, ringriepen un man wenig rutnehmen.«

Do maak Ulenspegel de Kann op un see:

»Kiek hen, leve Herr, de Kann is ganz vull vun Geld. Föhlt rin un nehmt ju ene Handvull rut, aver griept nich to deep!«

De Paap see »Jo« un em worr fierlich tomoot. Man de Rachgier verföhrte em, he gung mit de Hand in de Kann un wull ene grote Handfull griepen. As he mit siene Hand in de Kann weer, markte he, dat dat natt un week ünner dat Geld weer. Snell toog he de Hand wedder torüch, aver de weer al bet an de Knövel schietig.

De Paster schimpte mit Ulenspegel:

»Oh, wat büst du för en vigeliensche Schalk! Du bedrüggst mi noch in diene letzten Stunnen, wo du al op dat Dodenbett liggst! Doröver dörven sik de nich beklagen, de du in junge Johren bedrogen hest!«

Ulenspegel aver see:

»Leve Herr, ik heff ju warnt! Ji schullt nich so deep griepen! Man wenn ji nich op mien Wohrschoen hören wullt un de Gier grötter weer, so is dat nich miene Schuld!«

»Du büst en Schalk, de slimmste vun alle Sluusohren. Du kunnst di in Lübeck vun de Galgen sabbeln un so anterst du nu ok mi!«

Un he gung weg un leet Ulenspegel liggen. De reep em noch na, he schull doch töven un dat Geld mitnehmen, man de Paap wull nich hören.

93. Historie

Ulenspegel vermaak sien Besitt in dree Delen, een Deel an siene Frünn, een Deel an de Raat vun Mölln un een Deel an de Paster

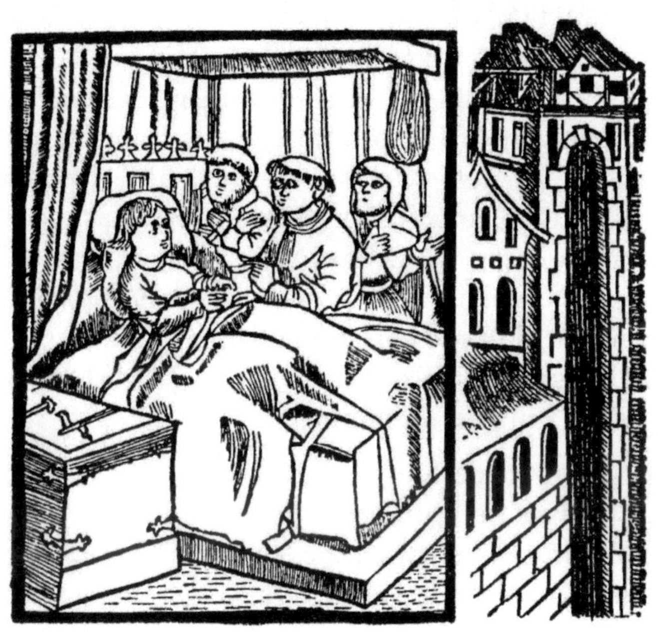

As Ulenspegel noch mehr süük worr, sett he sien Testament op. He verarvte sien Besitt in dree Delen an siene Frünn, an de Raat vun Mölln un an de Paster. He geev dorto de Anwiesen, wenn Gott de Herr över em bestimmt un he starvt, schull siene Liek in gewiehte Eer begraven un för sien Seel mit vele Dodengebeden un Selenmessen na christliche Ornen un Wennst sorgt warrn. Un veer Weken later schullen se gemeen de schöne Kist, de he se wies un de mit düüre Slötels opbewohrt weer, opsluten un de   Inholt ünnerenanner opdelen un sik enig warrn.

Dat nehmen de dree Partein an un Ulenspegel storv.

As nu all de Dinger na de Wöör vun dat Testament maakt weren, kemen de Raat, de Preester un Ulenspegels Frünn na veer Weken tosamen un sparrten de Kist op, üm de Schatz to delen.

As de Kist apen weer, funn man dorin bloots Stenen. En keek de annere an un all tohoop worrn füünsch. De Paster meen, de Raat harr de Kist opbewohrt, de Schatz heemlich rutnahmen un de Kist wedder afsloten. De Raat weer de Menen, de Frünn harrn de Schatz wiel Ulenspegels Krankheit rutnahmen un de Kist mit Stenen wedder opfüllt. Un de Frünn seen, dat de Preesters heemlich de Schatz wegdrogen harrn, as Ulenspegel bichtet harr un keeneen dorbi weer. Se strieden sik un gungen utenanner.

De Raat un de Preesters wullen Ulenspegel wedder utgraven laten, aver as se anfungen, weer de Liek al so verfuult, dat nüms bi em blieven wull. Se schüdden dat Graff wedder to un Ulenspegel bleev in sien Graff.

To soien Gedächtnis worr en Steen op sien Graff sett, de man ok hüüt noch sehn kann.

94. Historie

Ulenspegel storv un de Swien smeten bi de Dodenfier de Do-
denböhr üm

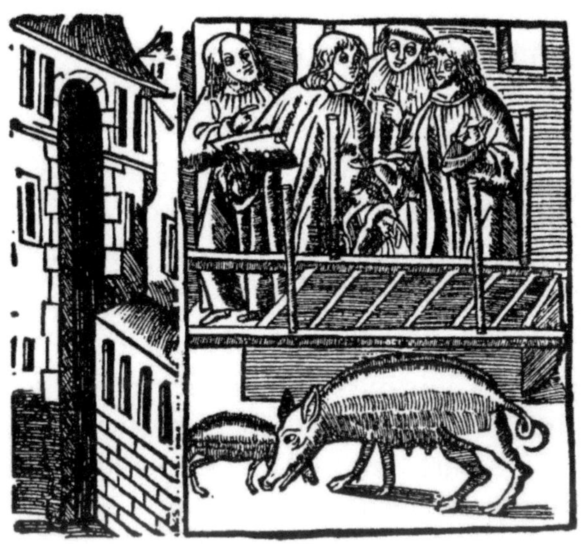

Nadem Ulenspegel sien Geist opgeven harr, kemen de
Lüüd in't Spital, bewenten em un leden sienen Sarg op
ene Böhr in de Deel. Ok de Papen kemen un wullen em Do-
dengebeden singen. As se anfungen, leep de Söög vun dat
Spital mit ehr Farkens in de Deel ünner de Böhr un schrapte
sik an de Böhr, so dat Ulenspegel rünnerfull. De Froonslüüd
un de Pasters wullen wullen de Söög un de Farken to de
Döör rutjagen, man de Söög weer steersch un wull sik nich
verdrieven laten. De Deerten lepen dwars un dweer dörch
dat Spital, se sprungen un lepen över de Papen henweg, över
de Beginen, över de Kranken un Gesunnen un över de Sarg,

in de Ulenspegel leeg. Do geev dat en grotet Geblarr un Krakeel vun de ole Beginen, so dat de Pasters ehr Reedschaapen för de Dodenfier stahn leten un rut ut de Döör flüchten. Annere Lüüd verjogen opletzt dat Swien m it de Farken ut dat Spital.

De Beginen leden de Sarg wedder op de Böhr, dorbi keem Ulenspegel annersrüm to liggen, mit sien Buuk to de Eer un de Rüch na baven. As de Preesters weg gungen, sproken se, dat se nix dogegen harrn, wenn de Beginen Ulenspegel begraven wörrn, man se wullen nich torüchkamen. Also nehmen de Beginen de Liek un drogen se op de Karkhoff, verdreiht rüm op de Buuk, wiel de Sarg rümdreiht weer. So setten se em neven sien Graff nedder.

Do kemen de Preesters doch torüch un meenten, welk Raat se ok geven wörrn, wie ma em begraven schull, he wullt doch nich so as annere Christenminschen in't Graff liggen. Dorbi segen se, dat de Sarg ümdreiht weer un Ulenspegel op de Buuk leeg. Se müssen lachen un seen:

»He wiest uns sülvst, dat he verkehrt rüm liggen will! Denn wüllt wi dat ok so maken.«

95. Historie

Ulenspegel worr vun Beginen un nich vun Geistliche or Welt-
liche begraven

Bi Ulenspegels Gräffnis gung dat wunnerlich to. As se all op de Karkhoff üm Ulenspegels Sarg stunnen, leden se em op beide Tampens un wullen em so in dat Graff sacken Do reet dat Seil, wat an't Footenn weer, un de Sarg schoot in de Kuhl, so dat Ulenspegel in de Sarg op siene Fööt stunn.

Do seen all, de dorbi stunnen:

»Laat em stahn! Wunnerlich is he in sien Leven west, wunnerlich will he ok in de Dood sien.«

Also smeten se dat Graff to un leten em oprecht op de Fööt stahn. Un se setten em en Steen op sien Graff. Op ene Halve slogen se ene Uul, de en Spegel in de Klau höllt, rin un schreven baven op de Steen:

»Disse Steen schall keeneen opheven, hier steiht Ulenspegel begraven. In 't Johr 1350. *Anno Domini M.CCC.L. Jar.*«

96. Historie

De 96. Historie vertellt, wat op Ulenspegels Graffsteen in't Lauenborgsche schreven steiht

»Gedenksteen.

Disse Steen schall keeneen opheven

Ulenspegel steiht hier begraven.«

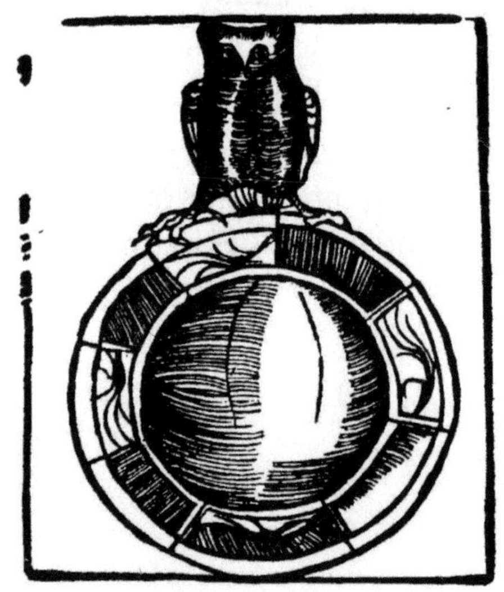

Anno Domini MCCCL jar.

De Schrift in de Steen, de hüüt an de Muer vun de Nikolai-Kark in Mölln in't Lauenborgsche steiht, heet:

»Anno 1350 is disse Steel opstellt. Till Ulenspegel liggt dorünner begraven. Markt woll un denkt doran, wat ik west bün op de Eer, al de , de hier weeglangs gahn, möten mi gliek warrn.«

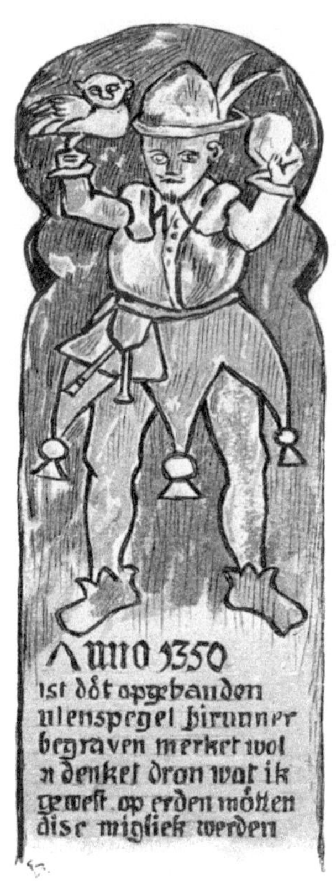

Wöörbook

Wenn ji dat ene or annere Woort nich ver-
steiht, köönt ji hier de Bedüden nakieken:

Aaft	Obst
Aftheek	Apotheke
Antlaast	Antlitz, Gesucht
Baas	Meister, Chef
Bedregeree	Betrug
Beerbroen	Bier brauen
Beet	Bissen
begäng	üblich
begööschen	beruhigen
Böhn	(Dach-)Boden
Böhr	Bahre, Trage
boomstill	ganz still
Brunswiek	Braunschweig
Büüt	Beute, Ertrag
draad	bald
drammen	drängen

Drift	Tatkraft
dwatsch	töricht
eenogd	einäugig
Fittkens	Flügel
Fliet	Fleiß
flöken	fluchen
gnietschig	geizig
Gööd	Güte
Hemp (Henep)	Hanf
Hic fuit	Er war hier
Hilmessen	Hildesheim
Höögd	Jugend
Hüürbuur	Gutspächter
Immenkorf	Bienenkorb
in de Mööd	begegnen
Isleven	Eisleben
Karv	Kerbe
Kaschott	Gefängnis
Ketterie	Ketzerei
Kledaasch	Bekleidung
kleenfraam	kleingläubig
Kneep	Schelmenstreich
Köppel	Schar, Gruppe

kresig	munter
krööntjen	räuspern
Leegheit	Bosheit, Schalkheit
Merrn	Mitte
oordig	artig
op Tiet	rechtzeitig
Övermaaten	Übermaß
Paap	Pastor, Pfaffe
Paapenhoor	Pfaffenhure
Parr	Pfarrei, Pastorat
Plie	Klugheit
Püüster	Blasebalg
rapp	dreist
Rood	Rute
Roofridder	Raubritter
Rööt	Räte
Rü	Reue, Bedauern
schanfutern	toben
scheelöögt	schieläugig
schelen	sachielen
Schock	altes Zählmaß (= 60 Stück)
Schoof	Menge
schutern	handeln

Seef	Sieb
Semp (Senep)	Senf
seven	sieben
siepern	triefen
Sleef	Schlingel
sliepsteerts	beschämt
sluustern	flüstern
Snappsnuut	Rotznase
snooksch	schalkhaft
spietsch	höhnisch, spöttisch
Spijöök	Spaß
Steek	Stich
steersch	störrisch
Strohspiedr	Strohhalm
struuv	rau
Stuvenböter	Stubenheizer
Süük	Seuche, Krankheit
Swaven	Schwaben
Swienharder	Schweinehirt
Swoort	Schwarte
Toornbläser	Turmbläser
Töverer	Zauberer
Twiet	Gasse

Ulen un Aapkatten	Eulen und Meerkatzen
Undöögt	Taugenicht
Ünnerkruup	Unterkunft
Utlucht	Erker
utseien	aussäen
Verdreet	Verdruss
Verlööf	Erlaubnis
Warf	Geschäft, Gewinn
Wennst	Angewohnheit
Wientapper	Weinzapfer
Wohrschoen	Warnung
wrangeln	sich darum reißen
wrengen	verziehen
Wulfhüüd	Wolfshäute

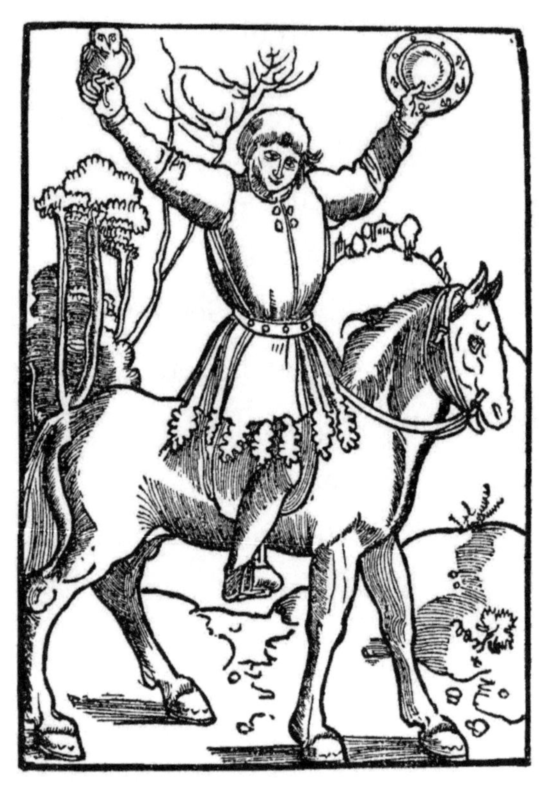

Hic fuit !